詩路漫漫三十年

—— 劉正偉作品論述

余 境 熹 著

文 學 叢 刊

文史哲出版社印行

國家圖書館出版品預行編目資料

詩路漫漫三十年：劉正偉作品論述 / 余境熹著
-- 初版 -- 臺北市：文史哲, 民 107.11
頁；　公分（文學叢刊；399）
ISBN 978-986-314-444-1（平裝）

1.劉正偉　2.新詩　3.詩評

851.486　　　　　　　　　　　　　107019712

文　學　叢　刊　399

詩　路　漫　漫　三　十　年
── 劉正偉作品論述

著　　　者：余　　　境　　　熹
出　版　者：文　史　哲　出　版　社
http://www.lapen.com.tw
e-mail：lapen@ms74.hinet.net
登記證字號：行政院新聞局版臺業字五三三七號
發　行　人：彭　　　正　　　雄
發　行　所：文　史　哲　出　版　社
印　刷　者：文　史　哲　出　版　社
臺北市羅斯福路一段七十二巷四號
郵政劃撥帳號：一六一八〇一七五
電話886-2-23511028・傳真886-2-23965656

定價新臺幣二六〇元

2018 年（民 國 一〇七）十 一 月 初 版

自　序

左右控弦
「正讀」與「誤讀」的射手座男子

　　劉正偉（1967-　）和我都是 12 月 2 日出生的射手座男子，我們曾萍水相逢於真理大學第十八屆臺灣文學家牛津獎的研討會場上，招呼都沒打，真正通訊往還是在網上互相加友之後。板上留言我們不時拿對方開玩笑──他總歪解我正經八兒的詩有情色成分，我也常讀出他詩文的「弦外之音」，附會新義，嘻嘻哈哈，沒有壓力。但不為人知的是，私下通訊我們都「文以載道」，一字一詞皆正襟危坐，談得很嚴肅認真，特別是我愛用古文，對話就顯得大義凜然了。

　　這兩種風格，適好與本書的分輯相應。輯一是「正讀」，除了為便利讀者閱覽而刪去學術性的注釋外，基本上算是分析、探討劉正偉新詩技巧和意義的小論文，希望為將來研究這位優秀作家的學者提供若干參考。這輯的筆法，猶如我與劉正偉的私人通訊。輯二、

輯三則俱屬「誤讀」，前者兼讀多首新詩，後者以析說單篇為主，彷彿劉正偉與我的公開留言，有遊戲性質，而重視再創造，試圖發掘詩文本更多的詮釋可能，體現劉氏詩的無限性。

「誤讀詩學」的理論或許有點高深，茲引錄我在另篇文章中的解說如下，供有意掌握學理者細閱：

> 羅蘭・巴特（Roland Barthes, 1915-80）認為「可寫文本」與封閉的「可讀文本」不同，具有充足的條件，能誘使讀者介入其中，進行再創造[1]。但除了這對相峙的概念外，巴特亦提出「消費性讀者」和「生產性讀者」的說法，後者為「理想的讀者」，參與意識強烈，回絕文本顯明的可理解性，而視之為再生產的材料，藉由個體的詮釋，闡發文本的多重意義[2]。若「可寫文本」沒有「生產性讀者」的積極配合，其意義的發揮仍會受到限制。

---

[1] 羅蘭・巴特（Roland Barthes），《S/Z》（*S/Z*），屠友祥譯（上海：上海人民出版社，2000）56-57。另參考 Lawrence D. Kritzman, "Barthesian Free Play," *Yale French Studies* 66（1984）: 20；Joseph Margolis, "Reinterpreting Interpretation," *The Journal of Aesthetics and Art Criticism* 47.3（1989）: 243。

[2] 巴特　51、53、56。

茨維坦・托多羅夫（ Tzvetan Todorov,
1939-2017）曾說，當代的文學詮釋已不能以「準
確」為目標[3]，卻不妨轉移焦點，以追求豐富、
激越、具趣味的再創造為旨歸[4]。的確，「生產性
讀者」有了主動投入的意願，當代的文化理論

---

[3] 作為參考，茱莉亞・克莉斯蒂娃（Julia Kristeva, 1941- ）的「互
文性」理論曾指並無所謂原初性的文學文本，認定任何文本皆
像鑲嵌畫般，必然是在生產過程中吸納並轉化先前的文本，是
依賴於其餘存有者及其釋義規範方得以書寫的；由於書寫的基
礎乃文化的累積，一個文本與其餘文本存有的「互文」關係，
有時並不為作者自己所意識，故以作者意志為詮釋的向度，並
不能滿足對文本文化內涵進行開掘的要求。詳見 Julia Kristeva,
"Word, Dialogue and Novel," *Desire in Language: A Semiotic
Approach to Literature and Art*, ed. Léon S. Roudiez, trans.
Thomas Gora, Alice Jardine and Léon S. Roudiez（New York:
Columbia UP, 1980）66。與此相似，安納・杰弗遜（Ann Jefferson）
論證了文本無法擺脫外在因素如體制和規範之影響，否定了其
具有固一意義之可能。見 Ann Jefferson, "Intertextuality and the
Poetics of Fiction," *Comparative Criticism: A Yearbook*, ed. Elinor
Shaffer, vol.2（London: Cambridge UP, 1980）235-36。另外，哈
羅德・布魯姆（Harold Bloom, 1930- ）專門提出「互詩性」的
理論，指認以文字書成的每一首詩都必將建構出牽涉到文本外
的、更廣闊的語言網絡，以致作者自身對文本設下的釋義框架，
最終亦必無法妥善保障詮釋的獨一性和真確性，其結果是令作
者與單一的文本皆無法自足地存在於文學作品的析讀之中。詳
見 Harold Bloom, *Poetry and Repression: Revision from Blake to
Stevens*（New Haven: Yale UP: 1976）2-3；Jonathan Culler,
"Presupposition and Intertextuality," *The Pursuit of Signs:
Semiotics, Literature, Deconstruction*（ London; New York:
Routledge, 2001）107。

[4] Tzvetan Todorov, *Introduction to Poetics*, trans. Richard Howard
（Minneapolis: U of Minnesota P, 1981）30.

亦提供多種資源，讓人能放膽開展新的詮釋，如沃夫爾岡·伊瑟爾（Wolfgang Iser, 1926-2007）注重「閱讀反應」[5]，雅克·德里達（Jacques Derrida, 1930-2004）強調「重述性」[6]，吉爾·德勒茲（Gilles Deleuze, 1925-95）與費利克斯·瓜塔里（Felix Guattari, 1930-92）揭櫫「分裂分析」[7]等，詮釋者實可按自身能力、經驗和興趣，對同一文本作無量無數的理解，導出異彩紛呈的結論。

筆者提出的「誤讀詩學」即以解構理論為指導，旨在顛覆能指結構穩定、意義單一的假設，趨向多元釋義，發掘文本內外無窮無盡的所指。由於「誤讀」旨在發揮創意、給予讀者全新的閱讀經驗，其闡述出來的意思愈是出格，則應該愈具示範作用——如白靈（莊祖煌，1951- ）《五行詩及其手稿》頗富中國色彩，則以美洲阿茲特克史事作出解釋；細析鄭愁予（鄭文韜，

---

[5] 沃夫爾岡·伊瑟爾（Wolfgang Iser），《閱讀行為》（*The Act of Reading: A Theory of Aesthetic Response*），金惠敏等譯（長沙：湖南文藝出版社，1991）207。

[6] Jacques Derrida, "Signature Event Context," *Glyph* 1（1977）: 172-97.

[7] 吉爾·德勒茲（Gilles Deleuze），〈與費利克斯·加達里關於《反俄狄浦斯》的談話〉（"Gilles Deleuze and Felix Guattari on *Anti-Oedipus*"），《哲學與權力的談判——德勒茲訪談錄》（*Negotiations*），劉漢全譯（北京：商務印書館，2000）26。

1933- ）詩時，又從動漫著眼，以尾田榮一郎（ODA Eiichirō, 1975- ）風靡全球的漫畫《海賊王》（*One Piece*）進行「誤讀」。

劉正偉在詩集《遊樂園》的自序裡說：「人生苦短，我們應該抱持遊戲人間的態度，隨緣隨喜，把這世界當成一座遊樂園」；在《我曾看見妳眼角的憂傷》詩集跋裡又謂：「尼采說：『上帝已死』、羅蘭‧巴特說：『文本誕生，作者已死。』其它的，就讓詩自己去流浪與述說吧！」表明歡迎以上提到的「誤讀」。

劉正偉亦曾致詩筆者：「你細細地解構，誤讀我……我說，歪和搞怪才有創造力 / 詩路漫漫，就讓我們繼續 / 搞怪，歪歪斜斜下去吧 // 感恩！無以為報 / 只好以聲相許，大霧」，認同無論「正讀」或「誤讀」，都是認識其人及其詩作多面性的有效鑰匙。

感謝《華文現代詩》、《野薑花》、《臺客》、《乾坤》等刊物編輯曾登載本書所收的文章，使它們有機會就教於先進方家。感謝支持這一寫作計劃的臉友。當然要感謝詩人劉正偉，其〈射手座的男子〉云：

　　射手座的男子有著溫柔的翅膀
　　常常在夢寐中飛向詩想像的國度

飛進繆斯妳我溫柔的夢境
同溫共感共鳴的美好時刻

詩路漫漫三十年

── 劉正偉作品論述

目　次

輯　一

生命的源頭，思念的方向

──劉正偉新詩中的苗栗情

　　苗栗縣獅潭鄉永興村出生的作家劉正偉博士，現為臺客文化協會理事長、《臺客詩刊》總編輯、《華文現代詩》詩刊編委、野薑花詩社顧問、中華民國新詩學會監事，並於臺北大學、海洋大學兼教新詩課程，是卓有成就的詩人。截至 2018 年，他已出版七部詩集，而苗栗恆常是他情意的發端、創意的來源，誠如〈省道臺三線〉謂：

　　永興村 . 是我生命的源頭
　　　是我 . 離鄉背井的起點
　　也是我 . 思念的方向

　　談到「離鄉背井」，年少時的劉正偉不是沒有向外闖的心態，他在〈那一年，我們十七歲〉裡坦言：「常常想逃離家的溫暖或者枷鎖 / 在孤寂的山村獨自豢養強大的黑」。原因是當時詩人愛上一位同齡女子，二人曾在苗栗有過「樓梯轉角守候」、「茶飯消費」的相

處，後來女子「遠颺」外地升學，「只留下一抹嫣然的
永恆」，深深烙印在劉正偉心坎，使得他不住地「想念」
對方，遂有了上述「逃離」空間限制的衝動，想與女
生一起告別苗栗。苗栗孕育了詩人青蔥歲月的至純感
情，這感情卻亦讓他渴望「離鄉背井」。

　　到劉正偉果真壯歲遠遊，城市的喧鬧煩囂，反使
他難忘故鄉的安寧。劉正偉有不少詩作反映其對城市
的觀感，例如〈城市速寫〉：「蛇在馬路上盡情游走 /
季節風追不上木棉花的飄零 / 黑金生產趕不上挖掘的
速度 / 忙碌的公車沖著我來 / 馬路追逐著計程車咆
哮 / 排氣管說的廢話比人們多」，觸目所見，盡是過
度開發與忙忙匆匆[8]，而且人際關係疏離，真情難覓，
以致「人比路燈寂寞」，劉氏也感到在其中「坐成了一
座孤島」，精神受困，急急「想逃離波濤洶湧的暗潮」。
在〈野薑花〉一詩中，劉正偉表面寫雛妓，實際上卻
在流露鄉愁：「在街頭，稍不留意就會灰塵滿面 / 總
要花錢替妳贖身 / 帶妳逃離城市步步的陷阱」。那被
城市染污的，既是流落風塵的原住民女子，也是浮沉
名利海中的詩人，時刻想「逃離」當下的處境──從
「離家鄉」到「離城市」的心態轉變中，詩人對故園

---

[8]　據劉正偉所述，他最怕「蛇」，故〈城市速寫〉以「蛇」比喻馬
　　路上的車輛隊列，暗含著恐懼的心情。

有了因失去而陡增的憧憬和依戀。

　　所以，在城市經常自視為「他鄉的遊子」的劉正偉，入夢時總要神馳苗栗，「乘飄邈的山嵐回鄉」。在〈仙山〉一詩裡，劉正偉追憶家鄉風貌，即借獅潭的礦泉，療治思鄉之痼疾：

　　　　仙山，幻化之鄉愁
　　　　是凝固時光中的海浪
　　　　無聲無息的波動，在雲端
　　　　仰望，厚實的山峰
　　　　如想望孩提時母親溫暖的胸脯
　　　　總是在異鄉疲累的酣聲中
　　　　韻律的起伏

　　夢中有遙遠飄渺的煙嵐，有起伏連綿的峰巒，有厚實博大的山形，這都令劉正偉想到有著「溫暖胸脯」的母親，讓自己能夠放心在其懷抱中酣睡，精神得以安定下來。同時，苗栗不止有高山，也有更貼近的茶園與老宅，時常在劉正偉夢中閃現，如〈夢〉即寫道：「夢寐中，我又夢見 ／ 老家的茶園長滿新竹 ／ 叔叔的老宅荒蕪傾倒」，而那竹子的生長、宅院的衰頹，都提醒詩人歲月匆匆走過，令在城市裡度過一年又一年的他更繫念靜靜變化的家鄉。

　　因此，劉正偉新詩又有明顯的睹物思鄉情懷，像是為「臺灣客家湯圓節」寫的〈湯圓〉一詩，先以紅湯圓的「圓滿與祝福」、白湯圓的「真心與誠意」寫出其苗栗客庄印象；接著的「湯甜」固然是「幸福甜蜜的滋味」，就連「湯鹹」，也變成農村中「辛苦耕耘的回味」，家鄉的一切一切，都教作家留戀不已。偏偏寫此詩時，劉正偉身在外地，詩末遂有了思鄉而不得歸的唏噓：「我們一生忙碌的角色 / 總是在他鄉的節日慶典粉墨登場 // 一碗溫暖 / 一碗鄉愁 / 點滴在心頭」，以圓滿的湯圓，寄託不圓滿的愁情。

　　睹物而思鄉，苗栗山城的桐花自然不能缺席。劉正偉〈五月雪〉的首節寫道：「當陽明山上的杜鵑泣血飄零 / 繁花盡落 / 就輪到客庄綠油油的桐樹粉墨登場 / 滿山白髮 / 這山是父親，那山是祖父 / 植栽的樹人」，意思是詩人在臺北觀察到陽明山杜鵑凋謝，算算時候，就知道客庄桐樹要開白花，目光和思緒一下子投向千里之外，想像那白花如「白髮」的美景，再由物及人，念掛起世世代代在苗栗紮根的家族。詩的第二節寫：「山已蒼老，故鄉亦憔悴 / 唯有桐花 / 每年五月下的雪 / 白皙、純潔 / 雪白父親的山頭 / 也染白我的鄉愁」，雪般「白皙」的桐花讓作者有憾於歲月流逝、自己日漸蒼老，同時又令他記起許多故鄉生

活的「純潔」片段——染白」的鄉愁，既包含時不我
待、故園漸邈的嘆息，亦映照詩人舉家清白的一片冰
心。

　　比〈五月雪〉說得更具體細緻的是四節十九行的
〈五月〉：

　　　　當五月悄悄爬上故鄉的山頭
　　　　又是一年的輪迴，一年的等待
　　　　異鄉的遊子，開始引頸回望
　　　　桐花山城五月綻放的笑靨
　　　　想像花雨繽紛，混搭採茶山歌
　　　　在記憶的空谷清幽間迴盪

　　　　傳說那片祖父手植的油桐樹
　　　　相繼染白了祖父與父親斑駁的歲月
　　　　還有我們日漸湮遠的童年
　　　　五月的雪，總在異鄉鼾聲中起伏
　　　　在他鄉的夢裡相遇，紛飛

　　　　繽紛五月，在樹梢與白雲一色
　　　　是否？也曾為遊子們哭泣
　　　　在地上織成大地新娘婚紗
　　　　在人間鋪成雪白的幸福花毯

　　　　故鄉父老和他鄉遊子都明白

　　　　雪白是我，熾紅的心也是

　　　　五月，有著深沉的鄉愁

　　　　從父祖的雪白，到我的斑白

　　不同於〈五月雪〉，上引詩自稱「遊子」的劉正偉以更主動、更期盼的心情「引頸回望 / 桐花山城五月綻放的笑靨」，那些落英繽紛、採茶山歌的美好景象，都久久迴盪在詩人腦海之中。對面設想，桐花可能也正「為遊子們哭泣」，苦候離鄉者歸來，乃至以一地落花「織成大地新娘婚紗」、「舖成雪白的幸福花毯」，用最美麗的裝扮，迎迓說不定何時踏英返家的天涯羈客。遊子思鄉，鄉也思遊子，這是劉正偉的奇想。另外，〈五月〉中的桐花再一次連繫劉正偉父祖三代——祖父、父親在桐花開落中「染白了」，而「總在異鄉鼾聲中起伏」、「童年」愈飄愈遠的詩人，也在對桐花的懷想中「斑白」了頭——相同的經歷，表明了劉正偉與祖輩、與故鄉無法斬斷的聯結，即使「離鄉背井」，那桐花開放的苗栗獅潭永興村，永遠是詩家「思念的方向」、「生命的源頭」。

　　在新詩絕句〈遊子〉裡，劉正偉則寫下終於可回鄉的心情：

只有最接近故鄉的時候
才能感覺心跳的怦然加速

心動，於彼此的思念
心痛，於時光的飛逝

　　這首詩正好是前述〈夢〉、〈五月〉、〈五月雪〉的最佳註腳：劉正偉為家鄉的人事而「心動」，念茲在茲；為變化的獅潭、失去的故園時光而「心痛」，恨無法回到過去，更親地依戀土地。值得注意的是，無論是〈仙山〉那夢遊鄉土、令人心安的「韻律的起伏」，還是〈遊子〉中接近故鄉時怦然的心跳，苗栗總是與劉正偉的「心」念息息相關，緊緊繫著詩人的心，是多首由「心」而發的詩作精神上的依歸。

　　這種與心相連、精神依歸，劉正偉是以一生一世（甚至永恆）來看待的。他在〈泥土〉裡寫道：

嬰孩的時候
我是狂暴的君王
時常灌溉泥鋪的客廳
讓父母的回憶氾濫成災

年少的時候
常伴著父親
為芟除禾苗間的稗類
讓汗水爬行在爛泥巴裡

現在的我
為了家庭的飯碗
天天用四輪壓迫著馬路
然後，睡在天空的鳥籠裡

年老，年老以後
我將種在泥土裡
呵護永恆
聽，時間慢慢腐朽的聲音

　　首節、次節皆以「泥土」為背景，寫的是詩人嬰兒、少年時期在獅潭永興農村的經驗，如「灌溉泥鋪的客廳」、「芟除禾苗間的稗類」等。據劉正偉自述，其父親由於不使用農藥，家裡的小孩都要幫忙芟草，暴露在烈陽底下，承受泥蜂叮螫，汗水的「爬行」反倒算是小事，其辛苦可想而知。只是，若非「為了家庭的飯碗」，劉正偉實不想離開土地，「天天用四輪壓

迫著馬路」，過起「鳥籠」般迫仄的城市生活。他最終
的想望是：當自己「年老，年老以後」，能夠重返、終
老、葬在故鄉，「種在」嬰孩和年少時密切相依的「泥
土」裡，並且化為養分，「呵護」土地——或許他能夠
栽成苗栗大地上又一株世代相傳的油桐樹[9]，像祖輩一
樣，至於「永恆」。

　　土地永恆，由「心」而發的詩同樣能臻於永恆。
劉正偉有著「詩路漫漫，惟其堅持；詩心浪漫，惟其
永恆」，以及「惟有詩，能與永恆對壘」的信仰，他的
〈墓園〉詩即延續〈泥土〉之所述，表示肉身「種在
泥土裡」之後，希望人們不會忘記他的詩；而只要讀
者讀詩，他們「將發現泥土的芬芳 ／ 聽見白蟻與木頭
拔河 ／ 以及，時間碎裂的聲音」，體會到詩人芳香馥
郁的土地之愛，並將詩流傳下去，跨越世世代代，打
動不同時空的遊子，喚起人們思鄉、愛鄉的衷情，一
直記得：

　　　家鄉 ． 是我生命的源頭

---

[9] 其後讀劉正偉〈我最後的歌〉，發現他曾寫過死後要「裹以故鄉
　　苑裡的草蓆 ／ 覆蓋一抔兒時黃土 ／ 上植一棵卑微的油桐 ／ 春
　　天來臨時 ／ 將有雪花飄落 ／ 那是我送給土地最真的淚」。

　　是我　. 離鄉背井的起點
　　也是我　. 思念的方向

　　劉正偉的苗栗情，何等教人動容！

詩路漫漫三十年

── 劉正偉「早期作品」回讀

　　劉正偉在 2000 年才正式出版第一部個人詩集《思憶症》，但其新詩創作的發表早於 1980 年代已經開始，如《思憶症》所附「早期作品」一欄，便收有 1986 至 1988 年的詩作五首，距今已三十載。現在重讀這些佳作，除了能認識劉氏詩的起步點外，若與劉氏近作對照，更可體認其詩的變與不變，更全面地理解劉正偉的詩心。

　　〈渴望〉發表於 1988 年 4 月《笠》詩刊 144 期：

> 日子是平靜的湖面
> 不見波濤
> 不見暗湧
> 連岸樹也捨不得
> 落下一葉的激動
> 更別擔心微風是否
> 吹的起一臉的皺紋

　　當時劉正偉期望生活不必「激動」，如「微風」般的小思慮不來纏擾，不用擔心在歲月的憂戚裡長出「一臉的皺紋」。只是，既以「渴望」為題，可想而知，「不見波濤 / 不見暗湧」的「平靜」並非日常經驗，僅是詩人的某種憧憬而已。

　　歲月如梭，而人生就是「我不走了，山還是向我走來」。劉正偉日後在新詩絕句〈人生〉裡寫：「人生，就像是愚人節 / 剛過兒童節，就到了清明 / 猶記得童年景象，倏忽中年 / 前程似是白髮蒼蒼」。對比於〈渴望〉還未出現的「一臉的皺紋」，劉正偉 2014 年的〈祈雨〉變成說：「微風湖畔的山靈眨了幾下 / 掙扎的魚尾掃過我的眼角 / 就有了歲月的滄桑」;〈英雄〉言：「以眼角餘光急速甩尾 / 卻留下悲壯深刻的魚尾紋」;〈年獸〉和〈過年〉亦寫歲月「在我額頭眼角留下巨大爪痕」、「在我們眼角，多留下一些爪痕」，即使詩人不想在滄桑中衰老，但畢竟敵不過自然的法則。

　　如果說劉正偉早期的〈渴望〉是被動的祈求，現在他的詩則多了主動迎戰歲月的魄力。他有時捕捉剎那的美好，將永恆收攏於一瞬，例如〈星空下的獨白〉說：「永遠記得妳眼海閃爍的靈魂 / 單純無邪靈動，回眸凝視 / 永恆，在剎那間定格」;〈回眸〉更直接表

明這是與匆促光陰對壘的辦法：「該如何抵抗歲月的催促呢 / 回眸，一個凝視 / 微笑，就永恆了 / 縱然，時間它長著一對翅膀」。

　　當然，信仰詩的價值的劉正偉，更多時是以「詩心永恆」來對抗歲月無情的。在〈秋水依依——向《秋水詩刊》致敬〉裡，他讚美收羅好詩的刊物能大步踏上永恆的路：「美好的仗已經打過 / 美善且華麗 / 足以與永恆競走 / 斑駁且寧靜，致遠」；〈與永恆對壘——悼百歲詩人鍾鼎文〉則明白道出：「惟有詩能與永恆對壘」。〈渴望〉裡的「湖」、「樹」、「葉」、「風」，如今也常見於劉正偉的創作中，譜成意象紛呈的新詩，化「渴望」為「行動」，迎擊帶來「一臉的皺紋」的歲月，向永恆挺進。

　　與〈渴望〉同期刊登於《笠》的有〈我〉：

　　渴望太陽的熱情
　　渴望微風的柔情
　　渴望小雨的激情
　　渴望微風打破沉默
　　甚至只是
　　任何微渺的感動

　　「只有流動的東西，生命才能永恆！」從維熙（1933- ）如是說。年輕的劉正偉一樣不願「沉默」，渴望有轉化生命的熱情、觸及生命的柔情、衝擊生命的激情，乃至只是「微渺的感動」，都比無聲無息、無「動」於中的死寂要好。配合〈渴望〉來看，劉正偉是渴求在平靜的世界裡得到感動——動、靜之間並無矛盾，倒是全面反映出詩人浪漫樂觀的情懷。

　　歷經三十年，「渴望感動」的主題依然在劉正偉的詩中奏響。他是冷靜客觀的學者，卻在 2015 年年底就《早期藍星詩史》作最後整理之際，因看馨雁舞集的表演而感動不已，因讀方梓（林麗貞，1957- ）〈走自己的路　都是佳作〉而感動垂淚。他每每因藝文而感動，亦每每因感動而藝文。就以馨雁舞集的欣賞經驗為例，劉正偉先於 2012 年觀影後感動寫下〈蛻化・對話——她們的故事〉，到 2015 年馨雁舞集展演時，下半場演員就朗讀起這一首詩：「落寞起伏，孤寂跌宕 / 牽動著多少女人一生的心事 / 交織著一生歲月的波折」；劉正偉起初未意識到那是自己的作品，及至聽出來時，即感動莫名——「沒想到三年後，也許這首詩感動了她們。可是今夜她們用表演感動了我，我覺得人生真奇妙。」隨後劉正偉並以〈牽掛——馨雁舞集觀後感〉回應：「馨雁，舞集她們的故事 / 一個個羸弱堅強和偉大的女性 / 生活的艱辛，生存的困境 / 生

命的悲哀，人性的光輝 ／ 都在人生舞台上掙扎著 ／ 不斷地牽掛，不斷地展演 ／ 世世代代流傳著，牽繫著彼此」，更深地表達對舞劇中緊緊情絲的共鳴。

為感動而藝文的例子，〈平安符〉是另一代表：「妳送我貼身的平安符 ／ 一個紅通通熱忱的心 ／ 我將它放在左心室前的口袋 ／ 好感覺妳怦然的心跳 ／ 不停，在符與胸口間激盪」。單讀內文，可以斷定這是一首愛情詩，然而考究起創作緣由，劉正偉的意思是：「從小，父母就幫我們到廟裡求平安符；長大了，親朋、友人，也許也會有這個舉動。那小小的心思，可是讓人莫名的感動呢！無非就是希望心愛的人，平平安安。就感心耶……」〈平安符〉所涉及的，其實兼包了〈牽掛——馨雁舞集觀後感〉的「親情、友情、愛情」，一道貼身的符與心共鳴，亦即是〈牽掛〉裡的「情絲，像一條隱形的線 ／ 緊緊，緊緊地拉扯著 ／ 彼此，心與心的糾結」，而這條情感的線、小小的心思，當然也可上連到早期作品〈我〉中的那種渴求——「任何微渺的感動」。

劉正偉的生日是 12 月 2 日，其〈射手座的男子〉直言：「射手座的男子有顆脆弱的心 ／ 常為弱勢低泣，為感動潸然」。放在對詩文的要求中，「感動」二字便是最大重點，1999 年的〈輕聲告別〉裡說：「我選

擇的職業是詩人 / 不需花錢 / 只要感動」；2009 年的
〈純詩主義──賀一座新誕生的繆斯花園〉亦寫道：
「就讓古典和達達主義繼續 / 爭辯，長頸鹿是否超級
現實 / 在動物園的柵欄裡張望 / 現代和後現代已經
搭起友誼的貓空纜車 / 主知和抒情秘密交媾，和解 /
情詩的信仰，永遠不褪流行」，或許對劉氏來說，「情」
所帶來的感動，才是「詩」之「純」，才是詩人的本份。

　　說感動，不能不提劉正偉早期作品中對年輕戀情
的唏噓、緬想。〈離別〉首發於 1986 年 7 月 22 日的《中
華日報》，全詩為：

　　　　每當分手
　　　　天空總潤著紅霞
　　　　映在
　　　　我眼中

　　　　每當分手
　　　　天空總下著小雨
　　　　雨點打在
　　　　我臉上

　　　　霞紅伴小雨的天氣
　　　　是怎樣的心情啊？

　　寫與情人在潤著紅霞、下著小雨的時刻結束戀情，日後每見「霞紅伴小雨」的情景，詩人便受到雙重刺激，對逝去的感情念念不忘，耿耿於懷。另外，〈分手後〉見於 1987 年 12 月 19 日《中華日報》，也是常常憶起舊時意中人之作：

> 倚窗沉思時
> 眼前突然
> 飄過一襲白影
> 是妳嗎？
> 白紗女孩
>
> 探首窗外
> 卻不見妳的倩影
> 哦！原來只是
> 一朵流浪的雲
> 不經意地勾起我的
> 思念

　　如果從〈離別〉和〈分手後〉抽出觸發詩人回想的關鍵事物，應包括：紅霞、小雨、白色的紗和雲。其中「紅霞」較少在劉氏日後詩作中出現，但雨、紗、雲的意象卻反覆閃現，未曾中斷，年輕時的情感確成

為劉正偉持續寫詩的泉源。

　　特別是「雨」，如〈雨夜〉：「今夜又是濛濛細雨 ／ 如妳，離去時的暗夜 ／ 只留下一棵孤寂的樹 ／ 在雨中默默承受 ／ 滴滴答答的雨聲 ／／ 或許，樹梢上面 ／ 那一彎孤單的下弦月 ／ 也在烏雲背後，暗自啜泣 ／／ 一段感情，兩份傷悲 ／ 一樣的雨夜，兩樣的時光 ／ 如果時光能夠倒轉 ／ 是否？會有不一樣的雨夜」，其中提到情人在「濛濛細雨」的夜「離去」，留下「我」在雨聲中悲傷想「妳」，這個「妳」，大概即是〈離別〉裡提到的一位女子。〈當風起時〉亦云：「那年夏天，妳錯手 ／ 將名字寫在水上 ／ 寫在我，小小的湖心 ／ 從此，當風起時 ／ 偶然下著綿綿細雨 ／ 或在幽微的夢裡 ／ 細細的水紋 ／ 總是不經意地，微微 ／ 漾著」，按「綿綿細雨」使心中記憶漾開這一提示，詩人掛懷的亦是雨中告別的年輕戀人——這裡的補充是「妳」與「我」在夏天墜入愛河，而「妳」的名字已刻寫「我」的心上，只要有心跳，一世一生，也是難忘了。

　　至於「雲」般潔白的「白紗女孩」，及後仍在劉正偉的〈雲〉裡出現：「某年秋天，操場上童年的角落 ／ 有兩小無猜，傻傻 ／ 女孩有著靈動的大眼 ／ 和一襲純白的小洋裝 ／ 乍暖還涼，落英繽紛 ／／ 多年以後，每當楓紅時節 ／ 或是白雲飄過藍天 ／ 秋蟬在樹上叫著

他的寂寞 ／ 我總是偷偷，偷偷想起 ／ 鞦韆上輕輕飄盪的那朵 ／ 雲」。寫詩回溯到「兩小無猜」的歲月，可見劉正偉的長情。由於當時年幼，劉氏對白紗女孩應該只是暗中愛慕，連對方名字也未認識，但在操場分手後，他卻「思念」不已，總是看見「雲」就「偷偷想起」，癡心徘徊數十年。同時，由女孩的「白」紗洋裝，劉正偉對「白」色也特別鍾情，如〈問〉裡說：「山谷裡不斷湧出朵朵的雪白 ／ 花開了，親愛的 ／ 妳來？不來？」這位「親愛的」，不知是否與當年的白紗女生相似。

劉正偉在 1988 年的〈我〉中渴望「風」、「雨」的「激情」，2016 年的〈颱風〉則如此寫颱風：「它曾讓我們忐忑，充滿期待 ／ 帶來一些激情，一些風雨 ／ 或許，造成一些心靈的傷害 ／ 一些深刻無法抹滅的記憶」。衡諸劉正偉的新舊作品，他年輕時的戀情，應該便是那「心靈的傷害」（〈離別〉），以及「深刻無法抹滅的記憶」（〈分手後〉）了——思憶，可以成症。

《思憶症》所收的最後一首早期作品是〈基隆河上洪水的話〉，詩題後附記為與 1987 年「光復節基隆河水暴漲」一事有關；當時確有琳恩颱風吹襲臺灣，「帶來一些激情，一些風雨」，劉正偉的焦點卻在颱風以外：

今天是你們
也是我們的光復節
感謝琳恩颱風
把我和同胞們
團結在一起
（你們不是常說：
　　團結力量大嗎？）
一路
從基隆
狂飆而下
光復不少被你們
霸佔的失土

感謝你們
在起跑點就
把礙手礙腳的
森林草地
剷除了
讓我們暢所欲游

感謝你們把
煤渣　　廢土
垃圾　　豬糞

丟進基隆河裡
給我們當踮腳石
趁勢
到你們的
家園
城市裡
逛一逛

感謝你們不懈的幫助
我們實在很想
光復
大臺北盆地
那遠古的大沼澤
原是
我們的故鄉

　　運用擬人手法，借「洪水」的口，諷刺人們移除
「森林草地」，把各式廢物丟進基隆河，肆意破壞自然
生態，終會有日自食其果。詩中由「光復節」聯想到
洪水「光復 ／ 大臺北盆地」，將都市化的人類地盤沖
洗淹沒，回返成原先的水鄉，奇思妙想，頗為出彩。

　　愛顧自然、保護環境，是劉正偉三十年來持續關
注的議題，如《思憶症》所收〈山花的告白〉、〈樹之

寓言〉等，就都為植物發聲。2017 年，繼〈基隆河上洪水的話〉、〈山花的告白〉後，劉正偉又有了並不可喜的「機會」，能夠在詩中代入自然事物的角色，為它們請命，寫下了〈藻礁之聲〉：「選前，他們說要保護生態 / 選後，他們說要顧經濟和飯碗 / 一切都可以放棄，犧牲 / 包括，我微不足道的小命 // 幾千年來，默默守護著海岸 / 當一個逆來順受的啞巴 / 財團，像潮水一波波湧來 / 怪手轟隆地開入海灘 / 將我心一寸寸無情的輾碎 // 工廠和財閥是政治的朋友 / 我們脆弱的心，無依 / 孤苦，手中沒有選票 / 我們也沒有腳可以逃離 / 居住幾千年，熟悉的海域 // 歡迎，煙囪、碼頭、油汙 / 再見了：招潮蟹、彈塗魚、海藻 / 就讓我們寧靜地窒息，死去 / 來生，不再投胎福爾摩沙」。原來，蔡英文（1956- ）政府的經濟部為提高天然氣發電量，委託中油興建天然氣接收站，中油則選擇大潭地區以節省成本；只是填海造陸，勢將使桃園市觀音至新屋外海歷時數千年才形成的藻礁毀於一旦，帶來生態浩劫。劉正偉於是矛頭直指政商界，批評「工廠和財閥」與「政治」聯盟，將「怪手」伸出，「輾碎」藻礁的家園，為它們帶來「窒息」、「死去」的結局。劉氏於詩末感嘆：美麗的福爾摩沙不重視美麗的地景，美麗的地景將一去不返，「不再投胎」，不再復見，這實在是無法挽回的損失！

　　劉正偉愛自然的心三十年不變，變的是比年輕時更能採取實質行動，影響其他人投入保育——就上述藻礁事件，劉正偉聲援「桃園在地聯盟」搶救大潭藻礁的行動，立即組織《臺客》詩刊「珍愛桃園藻礁專輯」，在端午節詩歌吟誦展演中聯合各路詩人共同發聲，又呼籲簽署「一人一信」，要求蔡英文「救大潭藻礁」……寫詩的詩人，行動的詩人，一如〈基隆河上洪水的話〉：「團結力量大」。

　　「詩路漫漫，惟其堅持」。詩人三十年來心不變，情不移，可惜人們殘害自然的行為依舊——看著不變的詩人和向壞發展的生態，讀劉正偉的早期作品，亦有唏噓！

毛毛雨裡的情絲

──劉正偉〈貓貓雨〉評析

　　劉正偉〈貓貓雨〉可說是詩人的得意之作，先在《創世紀》179 期發表，後收入詩集《我曾看見妳眼角的憂傷》，曾獲「今天網站」轉載，並於齊東詩舍展示，又翻譯成日文，在《饗宴》第 75 期介紹給日本讀者。〈貓貓雨〉的獨特處、精彩處，從不限於題目的諧音功夫，茲先錄全詩如下，再作評析：

> 天空下起貓貓雨
> 柔順如妳細毛的溫柔貓暱
> 撫摩擁有的美好時光
> 纏綿，繾綣
>
> 雨絲，密密綿綿
> 如絲，如線
> 將往事輕輕串起

> 貓貓雨，有著溫柔的細爪
> 常常輕易地，將回憶抓傷

從「毛毛雨」到「貓貓雨」，劉正偉並不是單純玩玩文字諧音的遊戲而已。細緻分析，詩的第一節寫「貓貓」亦寫愛人，不但貓毛「柔順」能夠對應女子的「溫柔」，連男女二人的親密相依，也都變成「貓暱」貓膩，將寵物貓和女主角「妳」的形象連成一體，天衣無縫。另外，詩以「撫摩」寵物暗寫愛撫情人，落筆顯得含蓄，甜蜜而不露骨，也有助提高詩質。

第二節寫「雨」，將雨比喻為「絲」、「線」，就有了「串起」東西的功能。「絲」、「思」諧音，張祐（約785-約849）〈讀曲五首〉（其一）的「愁見蜘蛛織，尋思直到明」是以「思」代「絲」，李商隱（約 813-約858）的「春蠶到死絲方盡」，則是揉「絲」成「思」。劉正偉近似後者，睹「絲」生「思」，乃以思念「串起往事」，幕幕愛情記憶湧上心頭；而詩用「輕輕」二字，不但寫出柔情，且也如絲線一般，與首節的「柔順」、第三節的「溫柔」嶺斷雲連，彼此呼應。

詩的第三節，「貓」「雨」終於結合，詩意亦進深一層：從「雨」產生思念，但思念裡有「細爪」，能夠

「輕易地」把陷進「回憶」的男主角「抓傷」。讀至這一結尾，如果側重分手在「雨」天的暗示，視「回憶」多苦澀，那麼這「抓傷」可以是皮破血流的切膚錐心痛；如果強調「柔順」「貓暱」，將「雨」看成浪漫的點綴，「抓傷」又可能相對輕微。那相對輕微的傷，既可能是熱戀中人僅僅一時三刻短暫分離就縈繞纏綿的相「思」之苦，也可能是無微不至的男主角自責還未盡善盡美，放大了「回憶」中對待愛人的小漏小錯，好男人形象躍然腦海──這些都是猜測之詞，但〈貓貓雨〉的結尾存著多重解讀的可能，給予讀者廣闊的想像空間，餘味無窮，應無疑義。

　　林立婕（1974- ）〈夏日午後三點〉也是寫「貓」又寫「雨」的作品，但諧音的焦點為「雨」和「魚」，非常有趣：

　　　「雨！雨！好大的雨！」
　　　母親迅速將陽台上的衣服收起。

　　　「魚？魚？好大的魚？」
　　　貓咪先豎起耳朵望向窗外
　　　然後很無奈地瞇起眼睛：
　　　「你們人類真奇怪！」

　　饞嘴多事的貓咪抓住「魚」「雨」相似這一點就緊張兮兮，牠才「奇怪」得很吧！哈哈！

和諧合音

——劉正偉新詩中的諧音

　　由於妙用諧音、發揮想像，劉正偉的代表作〈貓貓雨〉成功在讀者心中留下很深的印象。事實上，在〈貓貓雨〉創作的前後，劉正偉亦經常以諧音為手段，推導詩思，作多番嘗試，相當著意於探索諧音應用在新詩裡的各種可能，如〈致澀郎們〉、〈三個字〉、〈讀我〉等，都頗突出。

　　在劉正偉的詩裡，諧音有時只是靈光乍現，僅佔全篇的一小部分，如〈水想〉：「妳蒸發的淚水，是朵朵 / 恐懼流涎的白雲」，「恐懼流涎」隱指「恐懼流言」；或單單出現在標題之中，如〈蛻化·對話——她們的故事〉。但有時候，劉正偉亦會利用諧音推導大半首詩作，例子如有〈讀我〉：

　　讀我，不如讀我默默的詩
　　讀我的詩，不如讀我墨墨的髮

讀我的髮，不如讀我脈脈的眼
讀我的眼，不如讀我火熱的唇
讀我，不如──
不要讀我，妳會醉

噢！達令
莫要掉淚
擔心在我心海漾開
撲向全世界的
海嘯

　　詩的第一節由「默默」推衍出「墨墨」、「脈脈」，形容的用語有所改動而聲音保持不變，穿插在「讀我」、「不如」重複出現的排比句式中，既有同中帶異的靈活彈性，亦共同增加著詩的節奏感、流暢度。如果統合全詩來看，首節疊出的「默」「墨」「脈」因運用輕聲，相對平靜，但重複的音韻又彷彿蓄勢，正好為次節洶湧海嘯的爆發預作鋪墊，情感由低迴入於高亢，變化鮮明。

　　劉正偉甚至會以諧音變讀來築起全詩，例子如〈致澀郎們〉、〈正偉兄不兄──記某人問起〉等，在在表明諧音技巧在其詩中的顯要位置。這裡先舉〈正偉兄不兄〉為例，略加析說：

正偉兄？不兄？
那一年，南臺灣的柏油路
都被妳的小綿羊
和我倆的重量
壓平

正偉兄？不凶？
幾首詩，幾杯咖啡
避凶趨吉
兄已不凶

正偉凶？不凶？
凶不凶，已緊要無關
正偉兄，已老去年華

　　劉氏自注云：「兄，敬詞，祝的本字，兄長也，亦
有問候的意思。凶，惡也，不好的意思。不凶，不惡
也。兄不兄、凶不凶，在此皆為好不好的問候代稱。」
詩的前後三節便都有意為之地圍繞「正偉兄」、「正偉
凶」、「不兄」、「不凶」、「兄不兄」、「凶不凶」迴環提
問，以「兄」、「凶」的諧音往復對答，文字錯落，而
聲韻相近，具有遊戲性質之餘，也有音樂效果。略可
補充的是，劉正偉在詩末以「緊要無關」代替慣聽的

「無關緊要」，以「老去年華」置換常見的「年華老去」，避免詩歌語言因過於流暢而一瀉無餘，朗讀時有緩有急，富於變化。

　　除所佔的篇幅比例之外，劉正偉運用諧音的想像力更加值得關注。情人間的「三個字」通常隱指「我愛你」，要猜出來不難，但要說出口亦不易。劉正偉的〈三個字〉，則巧妙地驅遣文字諧音，使本無懸念的「我愛你」產生各種新意，捕捉情人們說「我愛你」時內心的緊張情緒：

>　　說不出口的三個字
>　　曖昧，在我們之間流轉
>　　盯著螢幕的游標
>　　多麼希望下一個字出現我
>　　那將會讓人心跳加速到一百八
>　　第三個字代表我的你
>　　就算以和稀泥的泥字代替
>　　我也能立馬感應
>
>　　至於躡手躡腳的第二個字
>　　許多人讀來總是憋憋扭扭礙手礙腳
>　　礙曖瑗嬡碍，唉
>　　既期待又怕受傷害的第二個字

積累了數萬種情緒的醞釀
損耗了多少個夜晚的嘆息

讓人屏息以待
足以令人窒息的三個字
千萬千萬別說出口
一旦冒出了芽
春天就要啟程去旅行
有人就要開始去逃亡

　　第二節「憋憋扭扭」的「憋」字，其實是「憋不住」的「憋」，有「忍」的意思——那麼，是忍住不說「我愛你」呢？還是忍不住要說「我愛你」？「你」變成「泥」，即使唸得不準，「和稀泥」一點也能教聽者深心感應；「愛」扭成「礙曖瑷嬡碍」，一樣令人又怕又期待，情緒無法平伏得來。利用諧音，詩人寫活了表白者的彆扭迴避、掙扎繞圈、口齒不清，可謂入木三分之至。最後一節的「冒出了芽」，「芽」可能亦轉自「牙」齒的「牙」，對應「說出口」，同指把「我愛你」三個字講出來。講出來後，春意盎然的戀愛就要收不住腳地展開，而「有人就要開始去逃亡」，既可解作情人自單身生活的苦悶中脫逃，也可解作被告白者嚇得遠遠逃遁，這是詩的多義，使人會心一笑。

　　相對於三節二十行的〈三個字〉，劉正偉〈致澀郎們〉的篇幅雖然較短，但諧音使用的密度卻高出很多，千變萬化，如同劍舞，瞻之在前，忽焉在後，叫人目不暇給：

　　　　每一個怨女都變身詞人
　　　　每一個曠男皆變身詩人
　　　　詩濕師失蝨，都是濕
　　　　澀色瑟射設，都是色

　　　　郎狼螂人俍，都是狼
　　　　澀螂，澀女郎們
　　　　詩緒悶騷的活火山
　　　　給我，噴發吧
　　　　騎魚免彈

　　由「詩」轉出「濕師失蝨」，由「澀」變出「色瑟射設」，歸結為「都是濕」、「都是色」，呼應怨女曠男騷騷思（詩）緒中的情色意味。到第二節，詩人卻不直稱「濕」「色」的怨女曠男為「色郎」、「色女郎」，反而繞到「狼螂俍」去，最後以「澀螂」、「澀女郎」稱之，強調怨女曠男雖有詩緒，卻是悶騷著，羞「澀」著，不去寫作，不把所思所想噴發出來。詩人呼籲：別要再按捺著了，要噴發的，就盡情騷騷地秀出來，「騎

魚免彈」（其餘免談）[10]，別再推三搪四了！至於詩中「噴發」等詞是否語帶雙關，隱指性事，讀者不妨自行揣測──筆者將於另文討論劉正偉詩的「雙關」。

　　劉正偉在《遊樂園》的〈自序〉中說：「人生苦短，我們應該抱持遊戲人間的態度，隨緣隨喜，把這世界當成一座遊樂園」。諧音當然可說是劉正偉新詩的一種標誌性技巧，但更進一步，在內容與精神的層面，諧音不也和其人「隨緣隨喜」、隨意出入的遊樂態度相契，是一種「苦短」詩行間的特殊舞步嗎？

---

[10] 此與劉正偉另一作〈純詩主義──賀一座新誕生的繆斯花園〉的結尾：「給我純詩，其餘免談」互相呼應。

聲情並茂的愛

── 劉正偉〈給我遠方的姑娘〉評析

　　漢語新詩雖無一定格律，亦不講求叶韻，但對內在的音響節奏仍十分重視，故聲情並茂的佳作多不勝數，而劉正偉〈給我遠方的姑娘〉即為其中之一，該作全文如下：

　　　　一句輕聲道別
　　　　影子，就越拉越長了
　　　　像遠方朦朧的山頭
　　　　依然，記得妳的眸似星子
　　　　髮似流雲，唇似野火
　　　　膚似初雪，頰似蘋果
　　　　眉，卻深深深鎖

　　　　深鎖腦海中的還有，嚶嚶
　　　　柔情似水的呢呢細語
　　　　像整夜滴滴答答不寐的雨滴

> 　　給我遠方的姑娘
> 　　衾枕被褥就要乾了
> 　　快快回到我的臂彎
> 　　草要綠了，花要開了
> 　　春天，就要來了

　　首行「輕聲」（hing1 sing1）、三行「朦朧」（mung4 lung4）皆為疊韻，四行「依然」（ji1 jin4）、七行「深鎖」（sam1 so2）則屬雙聲，除第二行的「越拉越長」兩個「越」字用上複辭外，第四行起「眸似星子」、「髮似流雲」、「唇似野火」、「膚似初雪」、「頰似蘋果」連續五句的排偶更是全節亮點，一個「眉」字收束語勢後，又以延宕的「深深深」三「深」疊字，並由「野火」的「火」、「蘋果」的「果」、「深鎖」的「鎖」押韻，形式多樣，而總以聲音的迴環往復前呼後應為依歸，使讀者有美不勝收的聽覺享受。

　　到詩的第二節，劉正偉先以「深鎖」頂真，扣連上文，使聲韻不斷，接著連用「嚶嚶」、「呢呢」、「滴滴答答」等重言，貫通全節，末了又不忘以「雨滴」的「滴」照應「滴滴答答」的「滴滴」，通過短間隔的重複，構成優美的旋律。

　　最後一節，「衾枕」（kam1 zam2）疊韻，「快快」

疊字，寫「就要乾了」之後，借「快快回到我的臂彎」
略作緩衝，再道出「草要綠了」、「花要開了」，又用「春
天」二字稍一蓄勢，即接以「就要來了」，利用多次「……
要……了」組成排比，令詩作讀起來更加流暢而富於
氣勢。

奧希普・勃里克（Osip Brik, 1888-1945）說過：「形
象和語音二者創造的成分是同時存在的，以致每一部
作品都是這兩種不同類的詩歌創作意向的合力。」[11]有
了上述聲韻分析的基礎，再來細讀〈給我遠方的姑
娘〉，可發見劉正偉結合「形象和語音」的努力——首
節開頭的疊韻和複辭使聲音綿延，配合的是與愛人離
別的戀戀不捨；五句排偶如疊浪連波，洶湧而至，配
合的是憶起情人時的心潮澎湃，難以抑止；「深深深」
疊用三字，唏噓唱嘆，配合的是相隔既成事實，眉頭
緊鎖的沉重；第二節巧用頂真，嶺斷雲連地蟬聯上段，
配合的是縱然分別，對愛人的掛牽一刻也不曾中絕；
每行用疊字，呢呢喃喃，配合的是情人迴盪耳際的柔
聲細語，纏綿而溫馨；長句「像整夜滴滴答答不寐的

11　奧希普・勃里克（Osip Brik），〈語音的重疊〉（"Sound
Repetitions"），《俄國形式主義文論選》，扎娜・明茨、伊・
切爾諾夫原編，王薇生編譯（鄭州：鄭州大學出版社，2005）
6。

雨滴」，由「滴滴」到「雨滴」，「滴」聲止而復作，配
合的是徹夜不寐、欲罷不能的思念；第三節的疊韻疊
字，配合的是對戀人焦急熱切的呼喚；四次「……
要……了」的排比，聲音由小轉大，配合的是對所思
慕者愈趨強烈的期盼，昂揚的、熾盛的、噴薄欲出的
愛火，一發，不可收拾。

埃德加‧愛倫‧坡（Edgar Allan Poe, 1809-49）認
為音樂的格律、節奏和押韻融入詩中，乃是成功詩作
的「重大契機」[12]。劉正偉的〈給我遠方的姑娘〉，即
可謂妥善地把握住這「重大契機」，是內容、形式俱佳
的作品。〈給我遠方的姑娘〉是譯成日文而首先在《饗
宴》詩誌第 75 期發表的，據云詩中的擬聲詞如「嚶嚶」、
「呢呢」等，曾給翻譯家頗大的考驗——事實上，要
在譯文中把整首詩的聲音效果都保留下來，應該是難
於登天吧。

順便解答一個問題：誰是劉正偉筆下的「遠方的
姑娘」？我不知道。但我知道，她說廣東話，可能是

---

[12] 愛倫‧坡（Edgar Allan Poe），〈詩的原理〉（"The Poetic
　　 Principle"），揚烈譯，伍蠡甫、林同濟校，《西方古今文論選》，
　　 伍蠡甫主編（上海：復旦大學出版社，1984）369。

香港人。為甚麼？〈給我遠方的姑娘〉除「深鎖」之外，能產生雙聲疊韻效果的「輕聲」、「朦朧」、「依然」、「衾枕」全部需用粵語發音，其接收對象不可謂不明顯了。

　　劉正偉不只寫客語、河洛語詩，還寫粵語詩。

死守廣寒宮的「新」作

──讀劉正偉〈中秋過後〉

劉正偉的〈中秋過後〉發表於 2014 年，雖然至今已四番春秋，但理當稱得上是首「新」作：

中秋佳節，戶戶烤肉
煙燻黑了嫦娥千年粉嫩的臉蛋
吳剛伐桂烤焦玉兔，就失去蹤影
月宮，就更荒涼了

自從阿姆斯壯衰老後
再沒有補給船開來
秋節過後，風雨驟至
大家忙著約會上班划手機
再也無人抬頭望月
嫦娥，依舊死守廣寒宮

說它「新」，因為兩節詩文的題材都與當下社會緊密扣連。

　　臺灣中秋節烤肉的習俗自 1970 年代萌芽，80 年代因商業促銷與廣告推動，風氣浸盛，普及全境；但進入新世紀後，環保、健康等議題興起，也漸有人批評烤肉活動，如呂秀蓮（1944-　）在 2013 年，李筱峰（1952-　）在 2016 年，都曾在臉書發文，喊出反對聲音，得到一定支持。不過，不單李筱峰當時受到各方反擊，一名網友在 PTT 發文列舉烤肉七項缺點後，更是被狂酸「沒人約」、「沒朋友」，可見各人對中秋烤肉的取態並不固而一。

　　劉正偉詩的首節，便是據此議題發揮，提及「佳節，戶戶烤肉」的熱鬧，但也明言民眾的焦點從歷史悠久的傳說轉移開來，以致「煙燻黑了嫦娥千年粉嫩的臉蛋」，玉兔被「烤焦」，連本應永無休止地砍伐桂樹的吳剛，也都離開職守「失去蹤影」——劉正偉以「月宮」的「荒涼」，明白道出現代事物不經不覺間使傳統受到了冷待。

　　到了第二節，劉正偉提及自 1969 年尼爾・阿姆斯壯（Neil Armstrong, 1930-2012）踏足月球後，諸國便未再派人登月，以致「補給船」沒了消息。仔細想想，地球的科技發展一日千里，航天的條件遠勝從前，何以具體的登月行動一停便是數十載呢？

　　劉正偉借題發揮的解釋是：現代人已對「月宮」失去興趣，寧願陷在「約會上班划手機」的繁忙之中，也不「抬頭望月」。劉氏以「手機」對照阿姆斯壯的事跡，這或許會令人想到吳念真（1952- ）臉書上 2012年的貼文：「剛剛在一本書裡看到的一段：『1968 年 NASA 最高檔電腦的計算能力大約等同現在的手機。那時候一群人用它來發射火箭，登陸月球。現在我們用它來發射一隻憤怒的鳥去撞無辜的豬。』」划手機，打遊戲，在小確幸、小玩物裡，壯志似乎真「衰老」了[13]。

　　客語詩人陳寧貴（陳映舟，1954- ）曾稱許劉正偉的詩能書寫「現代新素材」，並舉〈距離〉（寫手機）、〈臉書〉（寫網上社交平台）、〈已讀不回〉（寫即時通訊軟件）等作為例，加以印證——那麼，同時舉出手機與登月技術的〈中秋過後〉，自然也應屬其列，是首活用新素材的「新」作。

　　但光是如此，並不能盡窮〈中秋過後〉的「新」——劉正偉的創意，更見於對典故的翻轉。像是寫中

---

[13] 劉正偉以「划手機」代「滑手機」，據云本屬「誤寫」，但適好以「划」呼應了「划向月亮」的星際探索，另有一番趣味。

秋佳節戶戶熱鬧，從前常與月華光燦並舉，如劉鳳梧
（1894-1974）〈中秋志感〉有言：「人間皆喜逢佳節，
萬戶爭看玉鏡浮。」明代區越「佳節按期尊俎集」，實
緣於「入戶風高月倍明」，但劉正偉筆下的現代烤肉則
反其道而行──風高煙彌漫，節來月更黑，樽俎的重
要性完全壓過月明了。又例如，江總（519-94）嘗謂
「三五兔輝成」，其〈內殿賦新詩〉又謂「兔影脈脈照
金鋪」，都強調玉兔的光芒，劉正偉詩則特意把玉兔「烤
焦」，使其黑成一片，代表月宮光亮消失，更能準確地
對應後文的「就更荒涼了」。

　　如果說劉正偉「吳剛伐桂烤焦玉兔」比不上宋无
（1260-1340）的「吳剛夜入廣寒闕，生擒老兔出秋月」
大膽，〈中秋過後〉那嫦娥的形象還是別樹一幟的。按
自李商隱「常娥應悔偷靈藥，碧海青天夜夜心」後，
錢惟演（962-1034）又有「嫦娥悔孀獨，空見海生桑」，
項安世（1129-1208）亦有「只恐嫦娥須自悔，何如雲
裡放朦朧」，董以寧（1629-69）的〈釵頭鳳・七夕為
嫦娥賦〉更慷慨言：「寒宮內，清暉改。當年竊藥情輕
背，奔到蟾宮，寂寥無奈。悔！悔！悔！」給嫦娥戳
上三個大「悔」字為印記。即使清代王仲霞寫過「嫦
娥莫悔偷靈藥，夜夜窺人倍有情」，當代何永沂
（1945-　）寫過「寄語嫦娥休悔藥，廣寒雖冷不須嗟」，
二作仍是以嫦娥為「悔」的化身。劉正偉〈中秋過後〉

則一改累世詩詞中嫦娥後悔不已的說法，稱言臉被燻黑了的嫦娥「依舊死守廣寒宮」——所謂「死守」，便是不悔[14]。

何以嫦娥不悔？

可能的回答是：劉正偉是以「廣寒宮」比喻詩國。在「戶戶烤肉」，享受感官快意的當下，詩歌那「千年粉嫩的臉蛋」已被「燻黑了」；人人都「忙著約會上班」，特別是「划手機」做低頭族後，對「舉頭望明月」的詩情更加興致缺缺，以致曾經活躍的「吳剛」、「玉兔」，也都停筆不寫[15]，「失去蹤影」，詩的園地「就更荒涼」。那麼，誰來「依舊死守廣寒宮」呢？「詩心浪漫，惟其永恆；詩路漫漫，惟其堅持」——偷得詩藝靈藥的嫦娥，乃是劉正偉與同道中人的自比、互勉。

從佳節的玩樂到詩國的堅持，〈中秋過後〉可謂開拓了讀者「新」的視界。題材新，用典新，內涵新，今夜「抬頭望月」，應有新的發現。

---

[14] 例如韓愈（768-824）稱讚許遠（709-57）「外無待而猶死守」，便是說許氏明知必死，仍無悔堅守城池，抵禦安史叛軍。

[15] 參考劉正偉 2017 年〈致詩人〉的「自詡為詩人的前輩們紛紛停筆 / 世界空空蕩蕩，我感到無比孤獨」。

輯　二

詩路像小說漫漫

── 劉正偉詩集「誤讀」

　　劉正偉《詩路漫漫》的首輯名為「給我遠方的姑娘」，所收各篇佳作可以獨立欣賞，但連結起來，又能交織出完整的、富於變化的愛情敘事，鋪出如小說般「漫漫」迂迴的「詩路」，頗能刷新愛詩人的閱讀經驗，是劉氏一次成功的嘗試。

　　〈契〉與〈思念〉，寫的是男主角對女性的甜言蜜語。〈契〉說：

　　　靜靜的記得，也是記得
　　　不要談情，那太短暫
　　　不要說愛，那太奢侈
　　　因為，妳已在我詩中永恆

　　　我會永遠記得妳
　　　比我的生命更久，更長
　　　我們彼此在詩中永恆
　　　當我們有了心靈的共鳴

　　妳說，身心靈契合的剎那
　　只要一次輕輕地擁抱
　　有溫度，生命就有了溫暖

　　所謂「妳已在我詩中永恆」，源出於威廉・莎士比亞（William Shakespeare, 1564-1616）的詩：So long as men can breathe or eyes can see, / So long lives this and this gives life to thee（天地間能有人鑑賞文采，　/　這詩就流傳教你永在）。然而細察之下，「妳」所需求的並非虛無縹緲的「詩中永恆」、「永遠記得」，或純粹精神層面「心靈的共鳴」，而是完整的「身心靈契合」──「妳」不避直白地提出「只要一次輕輕地擁抱」，想要藉著肉體的貼合，感受來自「我」的「溫度」，讓生命脫離空虛寂寞冷。可是，「我」卻總口惠而實不至，堅持著「不要談情，那太短暫　/　不要說愛，那太奢侈」，推拒了「妳」的任何進一步要求。題目的「契」，也許指「上契」──熱情過後，「我」不想實際承諾甚麼，最多只要乾妹妹。

　　〈思念〉的情形亦大同小異，其原文謂：

　　將情緒捐給白雲
　　讓她帶走一些煩憂

將時間捐給睡眠
讓她帶走一些疲憊
將眺望捐給星空
讓她帶走一些思念

然而，將捐什麼給妳？
才能表達我深深的眷戀
於是，我將一些思念捐給了妳
好讓妳思念，我的思念

　　「白雲」純潔，「我」在她身上宣洩「情緒」，肆加蹂躪，令她只帶走「煩憂」；「睡眠」赤裸，「我」借她打發「時間」，劇烈運動，讓她只帶走「疲憊」；「星空」浪漫，「我」多看了兩眼，「眺望」得較多，但還是沒給她長期飯票，只由得她「思念」。對「白雲」、「時間」、「星空」三位女子如此，那麼，對「妳」呢？第二節說，「我」還是對「妳」有「深深的眷戀」的，可是說到付出，要「捐」東西，那也只好把有所剩餘的「一些思念」拿出來，奉行「非物質文明遺產」，絕不給短暫相處的女子任何實質利益回報。有風流快活，沒有風流「賬」。

　　讀者或許要問：「我」何以不肯答應女子甚麼，或至少留件信物給她們，紀念這或短或長的緣份呢？原

因之一，便是「我」已有家室，患上「妻管嚴」，身不由己。〈別讓情人不開心〉寫道：

　　她說左，你千萬別說右
　　她說吃藥，你千萬要張口
　　寂寞的時候陪在她身邊
　　千萬千萬，別讓情人不開心

　　陪她一起看日落日出
　　和她一起收集浪漫
　　張開眼，就可以看到你
　　千萬千萬，別讓情人不開心

　　別讓情人不開心
　　當她對你輕輕嫣然
　　一笑
　　你就有了全世界

　　首節寫的是妻子對自己精神上的控制：「她說左，你千萬別說右」，即絕對不能跟她唱反調。曾聽聞臺灣夫婦因支持的政黨不同，初則齟齬，繼而反目，詩中的「左」「右」或許也能理解為政治上的「左」「右」派立場。至於「她說吃藥，你千萬要張口」，可以參考曹禺（萬家寶，1910-96　）名劇《雷雨》中周樸園強

迫繁漪「吃藥」，象徵冷酷地控制配偶的思想。如是者，即使「我」再寂寞，都要「陪在她身邊」，像繁漪被長期圈養在家，嗚呼哀哉。給不懂《雷雨》的讀者：〈別讓情人不開心〉首節，寫的是威權的妻子，箝制丈夫的腦袋。

詩的第二、三節，分別寫「我」在時間和空間上的限制。從「日落」到「日出」，「我」都要「陪她一起」，「收集」早已七零八落的「浪漫」；妻子一「張開眼」，自己就要在目前，不能離開半步，這比香港電影《大丈夫》被妻子軟禁的九叔可能還要更慘。在妻子「千萬千萬，別讓情人不開心」的洗腦攻勢下，反過來，委曲求全的「我」其實一點也不「開心」。但妻子「別讓情人不開心 // 別讓情人不開心」的念誦後，還要再加三行：「當她對你輕輕嫣然 / 一笑 / 你就有了全世界」。換句話說，「我」的全世界只能有妻子，為了討她的「嫣然 / 一笑」，「全世界」都是微不足道的，「我」自然應該打消和其他女子接觸的念頭。

但是，和其他女子接觸的念頭是消不了的，所以才有了〈契〉和〈思念〉；卻又因有著這麼一位妻子，「我」不能留下蛛絲馬跡，在跟眾女士風流快活後，就要急急撇清關係，更不能餽贈甚麼信物，以免事發西窗，招來橫禍。

　　令劇情發生重大轉變的是一次北京之旅，〈散步在北京榆蔭下〉這樣寫道：

　　　　傍晚，獨自走出二三環間的旅店
　　　　漫步在榆蔭連綿的街道
　　　　旁邊喧囂的市聲，皆與我無關

　　　　我朝著故宮紫禁城的方向
　　　　一直走著，走著
　　　　我知道，我並不孤獨
　　　　因為有妳的綠蔭一直陪著我

　　　　走著走著，北京就黃昏了
　　　　直到第一顆星子升起
　　　　我知道，我們一直都在
　　　　都在，默默，想著彼此

　　由於潛移默化過久，「我」即使明明「獨自」一人，也暗暗感到妻子的「綠蔭一直陪著我」，深沉、陰鬱，像一雙偵探的眼睛，在「一直走著，走著」的路上緊緊盯著「我」，令「我」不敢不放棄渴求，表示忠誠：「旁邊喧囂的市聲，皆與我無關」，「我」必不採路邊的野花。可既是出差在外，離了妻子，「朝著故宮紫禁

城」便是故態復萌、闖入禁區的暗示——在「第一顆
星子升起」的時候，「我」就知道，希望來了，機會來
了，「我」和北京那「遠方的姑娘」，其實「一直都在 /
都在，默默，想著彼此」，妻子的樊籠「我」終歸要衝
破了。

　　「星」在新詩中固然慣性象徵「希望」，但說到「星
子」和「遠方的姑娘」有所聯繫，給了「我」掙脫妻
子的動力，自當從〈給我遠方的姑娘〉一首中尋找線
索：

　　　　一句輕聲道別
　　　　影子，就越拉越長了
　　　　像遠方朦朧的山頭
　　　　依然，記得妳的眸似星子
　　　　髮似流雲，唇似野火
　　　　膚似初雪，頰似蘋果
　　　　眉，卻深深深鎖

　　　　深鎖腦海中的還有，嚶嚶
　　　　柔情似水的呢呢細語
　　　　像整夜滴滴答答不寐的雨滴

　　　　給我遠方的姑娘

衾枕被褥就要乾了
快快回到我的臂彎
草要綠了，花要開了
春天，就要來了

　　當中明確寫出這姑娘「眸似星子」，能夠與〈散步在北京榆蔭下〉升起的「星子」對應。這姑娘雖是雙眉「深深深鎖」的冰雪美人，但一雙櫻唇「似野火」，燒旺了「我」心中的慾望，讓「我」感覺因妻子而流滿眼淚的「衾枕被褥就要乾了」，將「榆蔭連綿」的鬱抑盡數驅散，心中禁不住高呼：「草要綠了，花要開了／春天，就要來了」！第一次，「我」陷得這麼深。

　　陷得深，但「一句輕聲道別／影子，就越拉越長了／像遠方朦朧的山頭」──〈給我遠方的姑娘〉起首便說「我」和姑娘已經告別，唯有鎮日思念那遠方山頭、那位美人。〈美麗的錯誤〉寫回家後「我」對她的牽腸掛肚：

妳說，繆斯三不五時眷戀妳
說她總是繞道我家又折返
只因大門深鎖，無人守候
我滿室書卷混合咖啡香
為何？繆斯不來按三次鈴

　　罷了，我的心不如妳底溫柔
　　思念不如妳底深邃
　　手拙腳笨腦鈍鈍
　　就讓繆斯繼續光顧繆斯吧
　　至少，我還有東南兩西北風
　　吹一吹喝一喝，就發瘋

　　當妳轉身沉沉入夢，親愛的
　　妳可知否？當靈感來敲門
　　我都故意給她，妳家的地址

　　「我」與遠方姑娘秘密通信[16]，談文論藝，所以提
到繆斯（the Muses）。據「我」的形容，「我」的家「大
門深鎖」──門禁森嚴；「無人守候」──連女傭都裁
撤了，缺少生氣；「滿室書卷」──仿周邦彥（1056-1121）
「露螢清夜照書卷」，明寫有書可讀，實寫無友同歡，
寂寞得不得了；「混合咖啡香」──飄著的自然是苦澀
的味道。凡此種種，都因為惡妻在家，任何異性（包
括繆斯）皆不敢來按鈴所致。第二節那「至少，我還

---

[16] 詩末提到「妳家的地址」，故「我」很可能是採用傳統的寄信
　　方式。若據〈距離〉一詩，則「我」也用手機軟件 Line 和遠方
　　的姑娘通訊。〈距離〉與 Line 的聯繫，見另稿〈偉哥賣廣告：
　　劉正偉新詩「誤讀」〉。

有東南雨西北風 / 吹一吹喝一喝」[17]的說法，亦令人想起周邦彥「尚有練囊」的無奈——「至少」、「尚有」，反話正說，「我」乃徹徹底底無可依憑——「就發瘋」，才是「我」的真實寫照。末尾，「我」念茲在茲的，只是「妳家的地址」。

「妳家的地址」再次道明「我」和遠方姑娘的外遇本質，而如今二人分隔兩地，火花如何延續？婚外如何傳情？「我」除跟姑娘大談繆斯外，更以一首〈預寫十四行〉挑逗春心：

> 萬籟俱寂，忽然想起淡淡的妳
> 想起心靈契合的短暫時光
> 一別經年矣，近乎永恆
> 總是想起那些漫漶悠悠的
> 日以繼夜魂縈夢牽的日子

---

[17] 同收「給我遠方的姑娘」這一輯，〈雨〉詩說：「你是風是雨，是流雲 / 我是山是海是孤寂 / 在人生的風雨操場邂逅 / 轉身離別，已是天涯 // 天地間，風雨流雲 / 山海間，落寞孤寂 / 雨悄悄 / 悄 / 悄 / 地下著 / 回憶漸漸，落滿 / 曾經澎湃的心海」，以「風」、「雨」指代「轉身離別，已是天涯」的遠方姑娘，而和她的「邂逅」亦發生在「風雨」的操場。〈美麗的錯誤〉那句「至少，我還有東南雨西北風」，即是發軔於此，意思是「風雨」的姑娘已遠，只剩無法讓人滿足的「東南雨西北風」，吹了喝了，難慰相思之情，反只提醒[17]「我」與姑娘天各一方，令我「發瘋」。

緩緩流過我們細細地生命之河

有天，當我即將告別或不及告別
請記得我為妳寫的這首十四行
留下一行，讓白晝陽光舊夢重溫
再空一行，給夜晚的星星夜夜流連
最後再留一行，等待妳，淺淺的笑靨

　　當中除「想起淡淡的妳」、「一別經年矣，近乎永恆」等綿綿情話外，更展示出對愛情的信心。如前所述，〈美麗的錯誤〉以「滿室書卷」、「至少，我還有東南兩西北風」等對應周邦彥〈齊天樂〉的「尚有練囊，露螢清夜照書卷」，而〈美麗的錯誤〉「大門深鎖」一語，其實也略似周邦彥〈瑣窗寒〉的「靜鎖一庭愁雨」。到了〈預寫十四行〉，「最後再留一行，等待妳，淺淺的笑靨」乃更明顯地與〈瑣窗寒〉照應：「想東園、桃李自春，小脣秀靨今在否？到歸時、定有殘英，待客攜尊俎。」「小脣」是遠方姑娘的「脣似野火」，「秀靨」是她「淺淺的笑靨」。「等待」雖苦，「我」卻充滿信心：到「我」歸時，不分畫夜都在「魂縈夢牽」、「舊夢重溫」、「流連」的姑娘，定會等著「我」攜尊俎而至，原諒「我」的「不及告別」──留下的空行，不怕「妳」不來填補。

　　在劉正偉的筆下，「我」是幸運的，不必等到花容

成「殘英」，「我」便再與姑娘重聚，並且得手床上，纏綿繾綣綢繆膠漆。〈春夢〉一詩裡寫：

> 夜裡，我的三千煩惱絲
> 因思念，紛紛激動起來
> 每一根都豎立，像一條條小蛇
> 急欲穿過黑暗邊境
> 飛奔而去，向你的夢裡
>
> 夢裡，無數小蛇化作黑色魔髮
> 溫柔地，將兩人輕輕地纏繞
> 愛的蛇信，燙熟了一顆蘋果
> 夜，就更深了

〈給我遠方的姑娘〉提及外遇情人「頰似蘋果」，兩作有所呼應。表面看來，「我」的「小蛇」與「黑色魔髮」都只代表思念，讓遠方的她感覺到時，便面頰都「燙熟了」、紅了，可是思念而無法接觸的痛卻更甚——「夜，就更深了」。但實際上，這首詩只是托詞做夢，「我」確實再次公幹出差，「穿過黑暗邊境 ／ 飛奔而去」，與北京的遠方姑娘共享良宵——「豎立」的是性器，「小蛇」、「魔髮」是精子，而躍到最前端的「蛇信」便是衝進卵子的勝利者，把禁忌的「蘋果」——姑娘的子宮「燙熟了」。慣於與眾女子撇清關係的「我」

這次情難自制、控勒不住，授精、留種，遺下了風流的尾巴——「夜，就更深了」，大概如佛家所說的「無明」，煩惱就要來了[18]。

劇情急轉直下！由於女方順利受精，在〈星夜〉，決絕的「我」即與遠方姑娘言及分手：

> 所有，曾經的努力與等待
> 都抵不過一個疑問句的殺傷力
> 我知道，妳暈眩的心，累了
> 累的承受不了一個，小小
>
> 所有不能言說的疲累與壓力
> 緣起的愛字，都由妳默默承擔
> 月光無力地，拂過微軟的夢境
> 夜色，孤獨的吸吮著葉尖

---

[18] 按照〈春夢〉的題目，本文定「我」與遠方姑娘的重聚發生在春季。但讀者若認為〈春夢〉畢竟是「夢」，那麼另據劉正偉《遊樂園》所收〈OOXX〉一詩：「我吻過你的悲傷 / 像熱帶魚吻著晶瑩的珍珠 / 我穿越你幽怨的森林 / 像越過海底的水藻 / 聽過你無數歡愉的歌聲 / 像微風輕輕飄過幽谷 // 在某個狂熱的仲夏夜 / 我探索你的OO / 你安撫我的XX / 一段悲喜交加的瘋狂季節 / OOXX」，事情最遲在「仲夏夜」發生。劉正偉在創作《詩路漫漫》的同時，在網上重貼〈OOXX〉這首舊作，配以精子游入卵子的油畫〈人之初〉，適與〈春夢〉「小蛇」、「魔髮」、「蛇信」所象徵的相一致。

> 遠方，依稀有妳的名字
>
> 起風了，說不出口的愛
> 就拋給天上閃爍的星空吧
> 春天早已結束，初秋才要開始
> 夜裡，妳留下一句細微的祝福
> 輕輕地，只有星子能夠聽見

「抵不過」的那「一個疑問句」，乃是懷孕後姑娘問「我」的：「愛我嗎？」或甚至是：「結婚嗎？」當「我」聽了，心內那抗拒與外遇情人發展長久關係的機制立即發動，曾經漲大的「月光」變得「無力」、「微軟」，垂頭喪氣。「我」不再昂揚地說甚麼「豎立」的「思念」了，而是快速消除對姑娘的記憶——「遠方，依稀有妳的名字」，急急將感情淡化；「說不出口的愛」延續〈契〉「不要說愛，那太奢侈」的不負責任，「我」未敢給出姑娘想要的答案，只留下一句「春天早已結束」，便掉頭而去，由姑娘獨自面對「初秋」[19]，「所有不能言說的疲累與壓力 / 緣起的愛字，都由妳默默承擔」——「我」只負責「愛」的喜悅，不承擔「愛」的後遺。

---

[19] 秋天是成熟的季節，喻指「胎兒」；秋天又是凋零的開始，喻指「愛情」——這裡的「初秋」，用得非常精準。

　　姑娘被「我」拋棄，心都「暈眩」，「累的承受不了一個，小小」的生命，但她還是「留下一句細微的祝福」，沒有對薄情的「我」大吵大鬧。由於「我」故意不去聽，姑娘的祝福變得「輕輕地，只有星子能夠聽見」；到〈十八劃〉，「我」卻無法故意不看，接收了姑娘發來的短訊：

> 看到妳的兩字訊息：珍重
> 沒有明說再見，只有隱喻
> 我知道珍重，不再見了
>
> 人生何其漫長？又何其短淺
> 情多麼重又多麼輕，輕則無語
> 不讀不回，或者，已讀不回
> 重的可以癡等，可以相許
> 可以觸及生死永恆
>
> 我來回無數次仔細品味
> 細數珍重二字，共十八劃
> 一段刻骨銘心，僅剩十八劃
> 我突然無語，無數的詞彙如魚刺
> 梗在喉嚨，嚥不下吐不出
> 秋天的風很涼，無雨無淚

楓葉靜靜思考，是否該落下的時刻

我突然患了失語症，此刻再也
不想說話，不想看不想回應
只是一直想，靜靜地，想
想—— 想—— 想—— 想——

「我」要把這段情看成「輕則無語」，能選擇的，
只有「不讀不回」或「已讀不回」，不能再和姑娘搭話，
以免燃起她的希望，讓她「重的可以癡等，可以相許 /
可以觸及生死永恆」。可是，遠方的姑娘總算是讓「我」
一度無法自拔的人，想到「一段刻骨銘心，僅剩十八
劃」的「珍重」二字，薄情如「我」，也不禁「突然無
語」，百感交集，「無數的詞彙如魚刺 / 梗在喉嚨，嚥
不下吐不出」，只一直在回想、回想、回想，沉浸在當
初美好的片段中。如此看來，想把感情淡化的「我」
還是不無動搖的，這也從側面寫出遠方姑娘的迷人。

迷人的遠方姑娘十分堅強，〈九月〉寫她決意獨力
撫養小生命：

白露過後，時序就漸漸秋了
秋天從河邊蘆葦開始發慌
從菅芒開始，漸漸蒼白

顫抖的還有潺湲的河
斜陽照上樹梢，柿子就紅了

九月要走一個人的路，妳說
灰面鵟要往南飛，我能說什麼呢
第一道鋒面通過，寒流就要來了
天空想說的，永遠比說的多

妳的心像流雲，本沒有家
偶然的飄過藍天，停駐我心
秋天來了，妳說要走
從此，九月的天空
就再也，沒有聲音了

　　負心的「我」像「灰面鵟要往南飛」，姑娘由最初
的驚怕，「發慌」、「蒼白」、「顫抖」、「累的承受不了一
個，小小」的生命，到毅然「要走一個人的路」，彷彿
「斜陽」復照、「柿子」轉紅，顯現出對腹中胎兒深摯
的母愛和女性的堅強。流言蜚語、家人責難，甚至種
種現實的挑戰像「寒流就要來了」，但在「珍重」的短
訊之後，無法組織新「家」、只短暫「停駐我心」的姑
娘即與「我」中斷聯繫，說「要走」，就離開，再也「沒
有聲音」──不強求，不乞討，這也是一種尊嚴的展

示[20]。

　　愈是不吵不鬧，「我」愈是感到姑娘的好，到後來，甚至欲斷難斷，想和姑娘再次聯絡。〈寄信〉寫出「我」的矛盾不定：

　　　　徒步到郵局寄信，給遠方
　　　　步下斜坡，穿越田埂
　　　　越過板橋，彎過曲折小徑
　　　　天空陰陰的，快下雨了

　　　　望著訊息裡的留言
　　　　一封封都已讀
　　　　心裡揣摩著妳的想法
　　　　惴惴不安著我的思緒
　　　　沒有一個字或貼圖鳥我

　　　　徒步到郵局寄信，給妳

---

20 這首詩固然允許截然不同的解讀：遠方姑娘「要走一個人的路」，意指墮胎，不把孩子生出來；「斜陽照上樹梢，柿子就紅了」是出血的象徵，「第一道鋒面通過」指用環形刀刮子宮內壁，切碎胎兒；「再也，沒有聲音了」，表示胎兒死亡。這一詮釋，也能銜接下文「我」的唏噓感喟。可以說，劉正偉的情節設計有「開放式」的特點，邀請讀者參與其近乎小說的敘事。

這是最後一封信了
把思念回憶通通裝進信封
生日快樂：祝妳也祝我
天空的烏雲越積越厚
而我，卻忘了帶傘

這輯詩的「我」固然不同於作者劉正偉，但據「生日快樂」來推想——劉正偉的生日是 12 月 2 號——時序應該又後移了數個月，進入冬天。由於遠方姑娘不再給「我」寄訊息，「沒有一個字或貼圖鳥我」，舊有的「留言」經「我」反覆細味，當然「一封封都已讀」，「我」於是為著不再有回音而寂寞。太近覺得是包袱，太遠又「惴惴不安」，「我」於是懷著寄出「最後一封信」的心情，想通過郵遞直接投到「妳家的地址」，試圖再把「妳」留在身邊。這位情場騙子，又要「穿越田埂 / 越過板橋，彎過曲折小徑」，闖進「遠方」的北京了。但他真是純粹的騙子嗎？為甚麼淚水快要「下雨」般湧出，又「忘了帶傘」，眼看就要沾襟濕衫？為甚麼「烏雲越積越厚」，抑鬱總揮之不去？後悔的男人，確實動了真感情？

這些問題，只好「拋給天上閃爍的星空」，還給讀者自行思索了。「我」愛著遠方姑娘，卻因威權的妻子而不得不斬斷情絲——這會讓讀者同情起「我」，還是

更深恨「我」呢？諷刺的是，〈拼圖〉寫出了老夫老妻的圓融，「我」的故事最終竟以與妻子和諧為結局：

> 約好一起完成永恆的拼圖
> 中間，牽掛兩顆熾熱紅心
> 重疊的部分，有感動滿滿
> 和諧律動與怦然的心跳
>
> 正下方有行旅的片片段段
> 鋪上沙灘的足跡，公園的擁吻
> 左邊，或許有些爭執的裂隙
> 右邊，塞滿甜而不膩的耳語
> 上方空白處，填上別離的思念
> 點綴幾顆夜空中一起採擷的星子
>
> 左下方兩滴是淚水流過的記憶
> 右上方掛著雨後美麗的彩虹
> 這張圖太大了，讓我們
> 用一輩子的時間，慢慢拼貼

　　港產片《大丈夫》的最後，一直活躍帶隊捉姦的妻子原來也給丈夫發訊息，讓他及早躲開追捕。道理很簡單：妻子已知丈夫尋歡之事，卻網開一面，讓丈夫知道回家，令衝突不必升級，婚姻便維持下來了。

在「給我遠方的姑娘」這輯詩裡，畢竟妻子和「我」從前也有過「熾熱紅心」、「感動滿滿」、「怦然的心跳」、「甜而不膩的耳語」，曾經一起在沙灘漫步，在公園擁吻，在夜空採擷星子……即使後來二人有了「爭執的裂隙」，即使丈夫口裡說「別離的思念」，雙腳卻跑了去「採擷」北京的「星子」，即使現在夫妻間的「和諧律動」有些要靠假裝，但那位妻子就是想：既已「約好一起完成永恆的拼圖」，就繼續裝下去吧——「左下方雨滴是淚水流過的記憶 / 右下方掛著雨後美麗的彩虹」，痛過後，還是要笑的。就「用一輩子的時間，慢慢拼貼」，「我」再想掙扎，都逃不出妻子一生一世的牢籠……

　　她說左，你千萬別說右
　　她說吃藥，你千萬要張口

我曾看見妳眼角的幽傷

——劉正偉新詩「誤讀」

　　某天去吃辣肉腸，多謝款待後，說起遇鬼的故事，同桌或嚇得龜縮，或蠢蠢欲動 L，當晚就要去事發地點，漆黑神秘的森林，探索幽闃深邃的祕徑。太陽關上燈，天地間有了歡愉的律動。

　　回家路上，想起劉正偉的一首詩：

> 南方的繆斯說，沒詩沒真相
> 在 20140214 的情人節
> 人有多少一生一世呢
> 在妳眼神中看到癡心永恆
>
> 原諒我，在人生的旅途相見
> 恨晚，現實的險阻黑暗
> 需要兩人一起點盞光明
> 同修共持，照現詩路漫漫
> 陪你到彼岸

　　堅定的心，和妳一樣

　　乍看似是情詩，「20140214」，即為「愛妳一世妳
愛一世」的諧音。可是只得我知，「南方」意指香港，
「20140214」這句話，該用粵語去唸，讀出來接近「異
靈一死靈異一死」。詩中的「妳」「我」原是一同寫詩
的情人，但因敵不過「現實的險阻黑暗」，女方輕生；
「我」慨嘆「人有多少一生一世呢」，同行者不能相伴
到最後，倒成了「一生一死」。曾經共同修持的詩路，
如今唯點燃一盞心燈，照現「屍路漫漫」。詩的題目，
叫作〈陪你到彼岸〉，細思之下，難免極恐。

　　讓時間回溯，「妳」「我」相識於兩小無猜的童年，
〈雲〉裡說：

　　　　某年秋天，操場上童年的角落
　　　　有兩小無猜，傻傻
　　　　女孩有著靈動的大眼
　　　　和一襲純白的小洋裝
　　　　乍暖還涼，落英繽紛

　　　　多年以來，每當楓紅時節
　　　　或是白雲飄過藍天
　　　　秋蟬在樹上叫著他的寂寞

> 我總是偷偷，偷偷想起一朵
> 雲，還在鞦韆上輕輕飄盪

　　「乍暖還涼」的背景渲染淒寒氣氛，「落英繽紛」預示死亡結局——即使再「靈動」，都難逃凋落命運，塵歸塵，而土歸土——童年時的「妳」身穿「一襲純白的小洋裝」，素淨如斯，正是蒼白喪事的象徵。日後再到初識的操場上去，「我」總是禁不住想起，「妳」的「雲，還在鞦韆上輕輕飄盪」。「雲」，與「魂」諧音，暗示女子陰魂不散，兀自在操場上迴繞飄盪，一雙「大眼」，仍然張看。洪淑苓（1962-　）曾謂羅英（1940-2012）〈隧道〉一詩以「楓紅」烘托「淒豔的氛圍」，使「死亡的意象更飽滿」[21]；劉正偉〈雲〉寫「楓紅時節」，正可以同類而觀。

　　談到女子的「大眼」，〈杯具〉有較為驚慄的描述：

> 如果你是紅酒，我就是杯具
> 願意用一生來承載
> 你的喜怒哀樂、悲歡離合
> 時常不經意濺出杯外的

---

[21] 洪淑苓，《思想的裙角——臺灣現代女詩人的自我銘刻與時空書寫》（臺北：國立臺灣大學出版中心，2014）279。

聽說是你夢魘中淚的委屈
而常常使我丹田熾熱的
是熱吻後沸騰的情緒

愛情終究不可捉摸
當你轉身離去
在你身後碎裂一地的
是你哭紅的淚水
和，我的悲劇

　　愛人是紅酒，「我」是杯具，兩者密切配合，猶如〈陪你到彼岸〉所寫的「同修共持」。可惜「我」太粗心大意，情人明明在「險阻黑暗」的「夢魘」裡苦含著「淚的委屈」，聲言要「承載／你的喜怒哀樂、悲歡離合」的「我」，卻只沉醉於「熱吻後沸騰的情緒」，未能及早安撫她的情緒（〈陪你到彼岸〉的「恨晚」便是此意），以致不可挽回地，女子化為墜樓人，「碎裂一地」，當時她的「大眼」，流出「哭紅的淚水」，以血寫下了「悲劇」。

　　稍作補充，與〈雲〉詩「落英繽紛」諧音的「落櫻繽紛」，亦見於〈問〉：

　　孤獨穿越冬天的冷冽

轉眼在陽明山麓抹上奼紫千紅
春天再度降臨凡間
瞬間就落櫻繽紛了

三月，竹子湖的海芋接續登場
山谷裡不斷湧出朵朵的雪白
花開了，親愛的
妳來？不來？

　　陽明山據傳是精怪「魔神仔」頻繁出沒之處，而
竹子湖附近更有「魔神仔古道」，充溢著靈異氣氛。詩
中的「落櫻」、「雪白」，自然也都與死亡聯繫得上。如
此看來，「妳來？不來？」便是一番招魂的叩問了。然
而此詩與其說是可怖，不如說是淒美——「海芋」象
徵愛情，其花語是青春活力、情誼高貴；「奼紫千紅」
脫胎自《牡丹亭》的寂寞名句「原來奼紫嫣紅開遍，
似這般都付與斷井頹垣。良辰美景奈何天，賞心樂事
誰家院」，但《牡丹亭》最著名的情節，即死者為愛情
復生：「情不知所起，一往而深，生者可以死，死者可
以生。生而不可與死，死而不可復生者，皆非情之至
也。」劉正偉筆下主角，登陽明山，深入靈異之境，
乃想召回「親愛的」，願「春天再度降臨凡間」，不想
「孤獨」一人。他的愛情，超越了死生。

　　或者我說得不對——「我」並非「召回」愛人，而
是自陷於靈界之中，甘心讓情人「擄去」。沒辦法，「妳」
的眼神是如此吸引，叫人一見著迷，再見後，永不能
忘記。〈妳的眼神〉這樣說：

> 親愛的，妳有雙貓膩的眼神
> 在深邃幽幽的夜裡
> 像天上明亮的星辰
> 閃爍著永恆動人的光芒
>
> 癡心的人兒，你切莫直視
> 那如美杜莎致命的勾魂攝魄
> 將使你掉進迷人的漩渦
> 永世，無法掙脫

　　就算明知「妳」那雙在操場盯著「我」的眼有如
美杜莎（Medusa），能夠「勾魂攝魄」，使「我」無法
還陽；偏偏「我」就是情願「掉進迷人的漩渦」，作愛
情「永世，無法掙脫」的囚徒，隨「妳」往陰間，生
死相隨。如是者，「異靈一死靈異一死」的主題又換回
「愛妳一世妳愛一世」的旋律，陪「妳」到彼岸，春
天就又要降臨了——「我」將兌現「願意用一生來承
載 / 你的喜怒哀樂、悲歡離合」的承諾。

　　另外，正如之前提到，「妳」是「我」寫詩的同伴，當「妳」死後，「我」開始細讀「妳」的一首首遺作，輾轉反側，徘徊沉思，也產生了對「妳」更深的愛慕：

　　　　昨夜夢裡，我想著你詩中繁複意象
　　　　寂寞、思念、埋怨與想望
　　　　一恩一怨，永世的輪迴
　　　　只因有愛
　　　　煎熬著愛恨交織

　　　　前世的因緣，今生的偶遇
　　　　沒有礁岩無法激起美麗的浪花
　　　　與其日復一日平淡的死去
　　　　我情願像浪花般
　　　　狂野的恨著，愛著

　　把「妳」詩中的「繁複意象」層層剝開，取出其中的「寂寞、思念、埋怨與想望」，理解「妳」如何在「現實的險阻黑暗」裡愛恨煎熬，讓「我」更想追隨「妳」進入「輪迴」，延續「前世的因緣，今生的偶遇」。我甚至覺得，與其平平淡淡地老死，不如像敢愛敢恨的「妳」一般，「狂野」地，放飛思想，為了「只因有愛」，哪怕成為「浪花」──「我」也想走走那「碎裂一地」的路，為了「陪你到彼岸」。

　　但是，甚麼都沒發生。那雙「我」在操場想像的「眼」似乎並不存在，竹子湖也不見魔神仔，「我」雖然陷進愛「妳」的漩渦，卻未曾受邀進入「妳」的世界。所謂陰陽相隔、生死路斷，果然容不得半點假借。「悠悠生死別經年，魂魄不曾來入夢」，劉正偉的〈午後〉代「我」寫出苦候而無結果的焦慮：

　　　　發呆，是想看看窗外
　　　　是否有白鷺鷥飛過
　　　　等到頭髮都斑白了
　　　　頭上只有一堆烏鴉閃現

　　　　為何？窗外的白雲
　　　　我的心
　　　　都是往南方的方向

　　詩用誇張手法，說等待的時間甚長，「頭髮都斑白了」，可是「純白小洋裝」所幻化的「白鷺鷥」未嘗出現，頭上的「一堆烏鴉」雖似冥界使者，無奈只偶一「閃現」，沒有駄「我」遠行。不過，「烏鴉」作為神話中的信使角色，還是提醒了「我」把目光投向「南方的方向」，尋找能通幽冥的詩人。〈遇見〉接著寫道：

　　詩緒在南方，擱淺
　　聽說南方詩人熱情如火
　　卻掩飾以冰山美人的面龐
　　熾烈的詩情，在北方
　　枯槁一堆堆的乾材

　　聽說南方一下雨，海都詩了
　　所以南方總是多風多情火
　　如果有一天，當繆斯遇上繆斯
　　在浪漫的天空之橋
　　那時，天堂將會嚴重失火

　　臨邛道士可招貴妃魂魄，「熱情如火」的南方詩人
——即〈陪你到彼岸〉那「南方的繆斯」——則精通
巫術，能運用地火水風的力量，或使情感「擱淺」，或
以「熾烈的詩情」點燃渴望，精煉乾柴烈火的愛；又
或使「雨」（慾）來，逗弄「詩」（濕）情，或煽「風」
吹旺「情火」。當來自相對上「北方」的「我」碰上「南
方的繆斯」，後者就「熱情如火」地導引「我」踏上「天
空之橋」，步彩虹前往「天堂」[22]，欲與所愛的「妳」
重逢。當時啊，那火勢盛大的愛念，真令人有使得天

22 死後走上彩虹橋，回到祖靈的世界是泰雅族人的信仰。劉正偉
　曾繪油畫〈彩虹橋傳說〉，對有關觀念有所掌握。

國「嚴重失火」的擔心……

　　「妳」「我」是否見面了？劉正偉沒有交代。鏡頭一轉，回到人間，〈平安符〉裡寫道：

　　　　妳送我隨身的平安符
　　　　彷彿將心交到我手中
　　　　天真的動作，莫名的感動
　　　　小小的符籙，衷心的祝福

　　　　妳送我貼身的平安符
　　　　一個紅通通熱忱的心
　　　　我將它放在左心室前的口袋
　　　　好感覺妳怦然的心跳
　　　　不停，在符與胸口間激盪

　　這帖「平安符」不知是「妳」何時所贈，但當「我」把它「放在左心室前的口袋」裡，即使雙方身處不同的空間，「我」還是能「感覺妳怦然的心跳 ／ 不停，在符與胸口間激盪」，心貼心，重溫所有「險阻黑暗」還沒來到之時，昔日那單純的、撲通撲通的美好，讓那貓膩的、閃爍著永恆動人光芒的「眼神」又一次撼動「我」──王力宏（1976- ）是這樣唱的：「你的眼神充滿美麗帶走我的心跳　你的溫柔如此靠近帶走我

的心跳　逆轉時光到一開始能不能給一秒　等著哪一天你也想起　那懸在記憶中的美好」。

　　至於開首陪我說鬼故事的幾位，可能會想起周國賢（1979-　）：「終於　歸一了　合一的心跳」。只不知，他們在漫漫路上，梅子林邊，有沒有遇見幽傷；眼角，有沒有飄移的影子如落英之繽紛……

偉哥賣廣告

——劉正偉新詩「誤讀」

　　劉正偉熱心為人打廣告，有時是替詩集寫序，誠摯地賞析詩人們的好作品，如近日推介閑芷（翁繪棻）《寂寞涮涮鍋》、林秀蓉《荷必多情》等便是。但比起用散文體式寫的序，劉正偉更常以詩為宣傳媒介，廣告好物，招徠四方客，較直白的，如有〈湯圓〉一詩：

> 紅的，代表圓滿與祝福
> 白的，代表真心與誠意
> 湯甜，是幸福甜蜜的滋味
> 湯鹹，是辛苦耕耘的回味
> 若還有蝦米、青蔥、茼蒿或花生
> 配角，代表我們一生忙碌的角色
> 總是在他鄉的節日慶典粉墨登場
>
> 一碗溫暖
> 一碗鄉愁
> 點滴在心頭

　　該詩乃為客委會舉辦的「客家湯圓風華特展」而作，曾於臺北市信義區新光三越 A11 旁停車場展覽，寫出了紅白鹹甜湯圓以至餡料配菜所寄托的鄉愁與回憶，在替客家湯圓賣廣告之餘，亦觸及臺灣客家人的人生實相。顆顆湯圓，使人兼有肉體和心靈的享受，別具含意，甚富內涵。

　　但現在的都市人沒了湯圓能活，沒了蝦米都能活，沒了電子科技，大概半死不活。離開手機，就有了一股鄉愁，點滴在指頭。劉正偉〈距離〉一作，便是在推銷一種軟件產品：

　　　　我們相距幾十幾百里
　　　　生活上總有不如意的憤慨
　　　　或悲傷，欣喜歡愉的分享
　　　　關於詩，風景或是愛情
　　　　或者喜不喜歡妳我他牠她

　　　　距離，是也不是，問題

　　　　我們相距幾千幾百里
　　　　牽掛只在一線，一念之間
　　　　只要妳一隻小指敲敲打打

　　就能直達，我心底

　　看出來了嗎？第三節第二行寫「牽掛只在一『線』
（Line）」，縱使相隔幾十百千里，只要安裝即時通訊
軟件 Line，用小指頭在手機敲敲打打，就能打破空間
距離，通暢直達地與密友聯繫，分享心底喜悲、生活
順逆，何等方便！按：陌生人之間，社交距離可能也
大如幾千幾百里，但情慾來時，一念之間，亦可用 Line
互相結識，指頭敲敲打打，就能擊中對方寂寞的心，
引向越軌的風景，或是奇譎的愛情。

　　以電子科技偷情，真可謂防不勝防，而一夜歡愉，
若珠胎暗結，更可致終生悔憾。早在 Line 流行之先，
劉正偉就寫下〈狂飆少年〉，提醒少男少女做足安全措
施，順便推銷避孕商品：

　　　　年輕的身影在夢想邊緣追逐
　　　　速度快感在風中的極限
　　　　生死的一念之際，瞬間
　　　　淚水與歡笑在背後捉迷藏
　　　　共渡
　　　　落葉時節愛恨的紛飛

　　　　你說

從兩峰間飆進歡愉之谷
只需一秒

我說
不戴安全帽　會死
不戴安全套　會生

　　這首詩巧用修辭，「兩峰」與「歡愉之谷」象徵女子雙乳和性器，「從兩峰間飆進歡愉之谷」既寫出飛車時的風景變化，又有著性的暗示。道路上的狂飆沒有安全帽會「搞出人命」，床上的衝刺沒戴安全套也會「搞出人命」！「死」「生」對比，又與首節「生死的一念之際」前後呼應，結構緊密。不過，最令人激賞的乃是此作電影感之豐盈，開篇即見年輕人加速奔馳，捲得落葉紛飛，穿過雙峰，隱進山谷，這時「不戴安全帽　會死 / 不戴安全套　會生」的俏皮標語打出，活脫脫便是一則熒幕上的廣告。

　　〈狂飆少年〉的青春氣息，洋溢在香港的商業電台「叱吒 903」裡。多年前，叱吒 903 曾推出「愛上903 巴」活動，在公車裡加裝廣播系統，讓乘客能邊乘車邊收聽電台的節目。當時為配合宣傳，叱吒 903 還寫下一首廣告歌，略云：「來吧愛就愛　來吧快活難耐　嘴巴可以放開　相識可變相愛　巴不得以一切換來熱

愛　連手板也一開再開……」無獨有偶，劉正偉的〈愛〉
亦以「愛就愛」開首：

> 愛就愛了，現在
> 不問過去，不問未來
> 過去已經過去，未來未來
> 現在，愛就愛了
>
> 管他世界風狂海嘯
> 地裂天崩，至少
> 還貼緊妳兩片性感的溫唇
> 還擁有妳眼波中的閃電
> 親愛的繆斯，就讓我永恆
> 在妳溫柔癡情的眼波中，陷溺

「管他世界風狂海嘯 / 地裂天崩」，那是拋開一切
「換來熱愛」；「貼緊妳兩片性感的溫唇」，是嘴巴「放
開」束縛，盡情纏吻；「擁有妳眼波中的閃電」，相識
的人終於轉成相愛；最後「陷溺」在「溫柔癡情」中，
真真是「快活難耐」了。如此觀察，劉正偉的〈愛〉
莫非也在熱推香港商業電台的節目？

　　不戴安全套會生，不戴安全帽會死，死了怎麼辦？
土葬怕土，水葬怕噎到，天葬怕高山症候群——劉正

偉的〈泥土〉另有推介，為新潮的殯葬方式打打廣告：

> 嬰孩的時候
> 我是狂暴的君王
> 時常灌溉泥鋪的客廳
> 讓父母的回憶氾濫成災
>
> 年少的時候
> 常伴著父親
> 為掌除禾苗間的稗類
> 讓汗水爬行在爛泥巴裡
>
> 現在的我
> 為了家庭的飯碗
> 天天用四輪壓迫著馬路
> 然後，睡在天空的鳥籠裡
>
> 年老，年老以後
> 我將種在泥土裡
> 呵護永恆
> 聽，時間慢慢腐朽的聲音

　　詩寫嬰兒時期給長輩增添麻煩，少年時期助父親刈除稗類，壯年時期為家庭辛勤工作，從「泥鋪的客

廳」到田間的「爛泥巴」，都跟泥土關係密切，而「天天」為口奔馳，進入「天空的鳥籠」後，詩的主角就感到既不踏實又很侷促。所以，詩的主角希望死後埋在泥土下，讓自己腐朽，養分能夠護育植物，生命能夠延續永恆。這不就是傳統的土葬嗎？不，劉正偉用上「『種』在泥土裡」，詩所推廣的乃是「綠色殯葬」──把骨灰連同種子裝進可分解的環保容器，「種」入泥中，栽成大樹，轉化生命。這首〈泥土〉與〈狂飆少年〉一樣，以畫面豐富見長，但卻是時空跳接的四幕廣告，給人頗多想像空間。

網絡時代，劉正偉幾乎每天都在臉書（Facebook）分享創意成果，其所主持的專頁「詩人俱樂部」更雲集詩界好友，展現新作，評文論藝，其間意見交鋒，時有火花，難怪劉正偉形容臉書為「非思不可，我們每日修行的道場」，巧妙地利用 Facebook 的諧音，指出臉書是訓練「思」（詩）維的好處所。不過，「詩人俱樂部」更有其溫情的一面，像是指引後進之真摯、之不遺餘力，使人相當難忘，而專頁恆常提供新詩比賽的資訊、報刊投稿的指南等，亦顯見無私互助的精神。劉正偉〈海螺〉是首推介「詩人俱樂部」的廣告詩，強調這一社群從生活的喧囂中分別出來，起著吸引新成員之效：

偌大天地間
只求容身一臥地
避風避雨避世
在混濁的浪潮裡
我只能隨波逐流
浪來時，隱入
潛沉的私密地
殼的堅硬足以阻隔大海
無情的潮弄

不要試圖煩擾我
吹響的螺聲
足以震聵你市儈的耳膜

　　詩人社團有時被譏為同溫層，但換個角度，在紛擾百端的世間尋著「避風避雨避世」的詩意棲居地，未免不是件幸運的事，而且臉書是「交友」平台，本意也不是用來招敵求仇的。所以，〈海螺〉裡說，置身世間「混濁的浪潮」中，當衝擊如「浪來時」，幾經與「大海」搏鬥、疲倦的人生航行者可以進到「詩人俱樂部」，「隱入／潛沉的私密地」，暫時「阻隔」外間冷酷無情的「潮弄」（嘲弄），於浩瀚天地間，覓著「容身一臥地」。不僅如此，劉正偉還期許「詩人俱樂部」裡用詩「吹響的螺聲」，不為名，不圖利，卻終有日可

以「震聵」所有熙熙攘攘「市儈的耳膜」，敲醒被俗務「煩擾」蒙蔽的人心。對詩信仰若此，劉正偉給臉書專頁打的廣告也像是一篇宣言了。

　　劉正偉對詩國勞力勞心，除擔任野薑花詩社顧問，編輯《乾坤詩刊》、《華文現代詩》外，近來又催生台客詩社，鼓動母語詩潮，活躍詩的聲音。《臺客詩刊》、《野薑花詩集》等刊物均園地開放，歡迎讀者寄來好作品，而劉正偉的〈女神〉有著向詩人朋友邀稿的意味，可算是一則徵文廣告：

　　　　優雅是你的名字，機車也是
　　　　機機車車地等到繆斯的出現
　　　　繼續人生一段未完成的夢
　　　　妳是風是雲是水
　　　　愛風的自由雲的飄逸水的執著

　　　　如果，我是那片寧靜的海洋
　　　　妳終於溫柔執著永恆地流向我
　　　　此生，心海將不再波動
　　　　就讓我憂愁妳的憂愁，快樂
　　　　妳的快樂，日日夜夜守望
　　　　癡傻地，等候妳優雅的到來

來投稿吧！「優雅」的作品歡迎，「機車」的作品也歡迎，「自由」的「飄逸」的「執著」的詩，一網撈盡，摘優收錄，讓創作者通過寫詩補完所有的遺憾,「繼續人生一段未完成的夢」。來投稿吧！詩刊全人將「寧靜」等待如「海洋」。若創作者的詩「流向」我們，無論其內蘊是「憂愁」，是「快樂」，我們都一同用心感受,「憂愁妳的憂愁，快樂 / 妳的快樂」。我們「日日夜夜守望 / 癡傻地」，等待詩人的賜稿……

為這麼多人這麼多事作宣傳，那麼，劉正偉有為自己打廣告嗎？有的，繼廣獲好評的《早期藍星詩史》後，他的精選詩集《貓貓雨：劉正偉詩選》收錄歷年心血，乃是其詩學、詩才的最佳廣告。我寫這篇文字，不過是廣告的廣告，邀請大家都來細讀劉正偉的佳作，認識他的詩心、詩情。我搖筆吶喊，因為劉正偉是值得推介的詩人。

寫給「山」的眼睛

──《貓貓雨：劉正偉詩選》「誤讀」

　　劉正偉《貓貓雨：劉正偉詩選》的輯一、輯二收錄詩人新近佳構，其中數篇，寫的是一位名叫「山」的人。

　　諸葛亮（181-234）是大家都認識的，伯仲之間見伊呂，指揮若定失蕭曹，但聽了「山」的大名，也怕得婆婆的，有〈人生〉一首為證：

　　我不走了
　　山還是向我走來

　　原來諸葛亮避居南陽，「不走了」，就是要躲著他提起便驚的「山」；偏偏「山」還是不知進退，依舊「向我走來」，來到臥龍崗查水表拍木門了，見〈訪南陽諸葛不遇〉：

　　時間剛好，可你不在
　　莫非？亦要學劉備三顧
　　您才肯會客，開門見山

　　諸葛亮既不方便「開門」，明明就時機不對，怎會是「時間剛好」？可見這位「山」只考慮自己，頗難相處。「山」的語氣也大有問題，起初稱諸葛亮為「你」，「你」不開門，他立即改稱「您」，語帶譏諷，責怪起諸葛亮擺架子來：「莫非？您要我學劉備三顧，才肯開門見『山』？」這位沒有預約的客人，不說，還以為是來追債的。

　　真的欠他債，那也沒話好說，畢竟欠債還錢，謝龍介（1961-　）和賴清德（1959-　）都會一致贊成的。問題是，「山」從不伸手助人，別人有事請他幫忙，他都愛理不理，〈人生〉便說：

　　我向山呼叫
　　它應我微弱的回聲

不自覺地，諸葛亮都用「它」來代指「山」兄了。

　　莽撞的「山」在臥龍崗不遇諸葛亮，是否立即就打退堂鼓？非也，非也。他一雙銳利眼睛，環視四周，

硬要藉著陽光說見你，不搜出諸葛先生不死心。〈訪南陽諸葛不遇〉即描寫云：

> 環視，臥龍崗已無田可耕
> 無書可讀，但見悠悠陽光
> 還輕輕穿透歷史的迷霧
> 撥開蓊鬱的老松古柏
> 流連您踏過的田梗
> 田梗上堅硬的洋灰路

這豈是朋友來訪，只能算偵探辦案。「山」判斷「無田可耕」，諸葛亮躲不到田裡去；再翻找附近的樹林、研究田梗上的痕跡，捉賊一般，追緝不見自己的臥龍。

「山」是借著陽光來找諸葛亮的，諸葛亮害怕死了，在〈夏至〉一詩裡就有恐懼「太陽」的說法：

> 太陽踅至北迴歸線上方張望
> 駐足一下，海島就汗流涔涔
> 北方的核電廠紛紛顫抖
> 拖著老命，沉重的運轉

從前諸葛亮自比管仲（約前 723-前 645）、樂毅（活躍於前 284-前 279），如今在「山」的進擊下變成自比

「海島」、「核電廠」，汗涔涔而身抖抖，確確實實只能「苟全性命於亂世」，躬耕的鋤都扶不穩。

於是啊，諸葛亮被迫得高聲呼叫，宣洩情緒，〈人生〉裡說：

> 我轉向夜色吶喊
> 黑夜回應我深沉的寂靜

綜觀〈人生〉三節，第一節「我不走了」是盼著「山山」來遲，第二節「向山呼叫」是回顧「山」的不夠義氣，第三節即學著魯迅（周樟壽，1881-1936）「躲到肅殺的嚴冬中去」，諸葛亮要躲到「黑夜」「深沉的寂靜」中去。為甚麼？唯有不見「陽光」、「太陽」的所在，諸葛亮可以不用聽到「山」的聲音！

讀者自然要問：「山」幹嗎一定要找出諸葛亮？劉正偉在〈幻愛〉裡透露了「山」的心事：

> 像無所不談的朋友
> 關心彼此生活，喜怒哀樂
> 幻想牽手逛街，輕擁
> 吻別，像一對熱戀的情侶
> 慵懶躺在床上，傾訴所有

　　簡言之，就是自作多情，想好似劉備（漢昭烈帝，161-223，221-23 在位）「如魚得水」那樣，與諸葛亮魚啊水啊的。劉正偉曾稱余境熹（1985- ）「香江 18 禁王子」，但別忘了，劉正偉本人可是《臺客》詩刊「18禁詩輯」的策劃人、革命家、理論家、舵手、總設計師……在「山」和諸葛亮的故事裡，自然也有撲不熄的情慾。（笑）

　　新加坡詩人卡夫（杜文賢，1960- ）是位仁者，但他也不樂「山」！〈與新加坡詩人卡夫同遊日月潭〉裡，劉正偉記錄道：

　　卡夫說：我們是同吃同住
　　同睡一個屋簷下的戰友。
　　一起獵景獵雲獵詩獵風雨

唯獨不敢獵「山」！卡夫亦寫過：「山在山之外」，把「山」推開遠遠的。

　　劉正偉企圖調解「山」和諸葛亮，在〈幻愛〉裡繼續寫道：「現實，並不允許你們相愛 / 相互關注，依賴分享安慰 / 不知名的，遲來的愛 / 像一對初戀情人，相望無語 // 熾烈的思念，從不說出口 / 眼神閃

電，霎那直達地心 / 烙下，永不磨滅的印記 // 愛情，盡是焚身的野火 / 都放在心裡，誰也不受傷」。懇懇切切，無奈「山」只喜歡「眼神閃電，霎那直達地心」一句，更瘋狂地追獵諸葛孔明。

〈變態〉一詩，是「山」的自述：

　　當我是一顆卵的時候
　　我感覺非常渺小、自卑
　　當我是一條毛毛蟲的時候
　　大家都說我醜死了
　　沒有人要跟我做朋友

　　於是，我偷偷躲起來哭
　　慢慢地結成一個孤獨的蛹
　　蜷曲，躲在陰暗的角落
　　大家都罵我是個大變態

　　就在這個時候，突然
　　我長出一對美麗的翅膀
　　變成蝴蝶，在花叢間飛舞
　　大家都張大了嘴巴
　　再也，說不出話來了

　　他自比「蝴蝶」，但他沒有想過，他其實是蟑螂，有天懂得拍翅了，大家都嚇得「張大了嘴巴」。噢，不，嚇得不敢張嘴巴。

施森煖、呂雪心的愛情四物語

——讀劉正偉的小說詩

　　瓊瑤（陳喆，1938-　）小說處女作《窗外》寫康南、江雁容的師生戀，劉正偉的《新詩絕句 100 首》裡也有國文教師施森煖和學生呂雪心跨越年齡、身份的愛情詩寫，例如〈窗〉，便是寫施森煖欲攫得少女心，於是「種下思念的小草」，向呂雪心的窗口展開攻勢：

　　　想妳的窗打開
　　　心花，就怒放了

　　　每天種下思念的小草
　　　希望能一直綠到妳的窗前

　　法國作家阿爾弗雷德・德・繆塞（Alfred de Musset, 1810-57）在《少女做的是什麼夢》（*Of What do Young Girls Dream*）裡有句妙語，說父親打開門，不過是請進物質上的丈夫（matériel époux），但理想的愛人（idéal），總是從窗子進進出出的，故「從前門進來的，

只是形式上的女婿，雖然經丈人看中，還待博取小姐自己的歡心；要是從後窗進來的，才是女郎們把靈魂肉體完全交托的真正情人」——以上據錢鍾書（1910-98）〈窗〉的轉述。師生戀情確實不易讓呂雪心的爸爸點頭，唯有靠女郎開「窗」揖盜，施森煖的「心花」才能「怒放」。

　　為甚麼施森煖、呂雪心會不顧世俗的責難、年齡的差距，愛上對方呢？唉，情之所至，斷不可解，但借用布農族作家拓拔斯·塔瑪匹瑪（漢名田雅各，1960-　）的小說情節，劉正偉亦嘗試以〈雲海〉一詩，替二人作答：

　　　　雲霧，在太魯閣峽谷間款擺
　　　　無聲無息，隨興自在的演出

　　　　她不為任何一個觀眾
　　　　只為一個，癡情的我

　　在拓拔斯〈情人與妓女〉的開頭，醫學院學生「我」來到太魯閣族的部落作醫療服務，而太魯閣族女子申素娥則為眾位服務者「款擺」「演出」，以表謝意。但是，申素娥的目光常常與「我」接觸，傳情達意，暗通心曲，確確實實「不為任何一個觀眾 ／ 只為一個，

癡情的我」。「是啊，在某場表演上，是她主動盯著我的，我乃一見鍾情，不能自拔。」這是施森煖的說法；「我本來也只是隨興，怎敵他萬般癡情……」這是呂雪心的自白。

　　談戀愛的女子，從前據說會把自己代入小說角色，如《紅樓夢》的薛寶釵、史湘雲、林黛玉；金庸（查良鏞，1924-　）的武俠著作也多兒女情長，黃蓉、趙敏、王語嫣、任盈盈，可能皆是熱門的投射對象。至於劉正偉，則是找來一位金庸筆下的男子，說施森煖不會像他那樣，叫呂雪心儘管放心。新詩絕句〈風〉裡寫道：

　　　　風，像一個酒醉的男子
　　　　常常冒冒失失
　　　　莽莽撞撞沒有方向感
　　　　一如，年輕時的我

　　作者劉正偉的名字和詩題併在一起，帶出的正是《笑傲江湖》的「劉正風」。據金庸小說所記，衡山派劉正風像「酒醉」一般陶醉在魔教長老曲洋的琴音之中，「冒冒失失」、「莽莽撞撞」地與之結交，最終被左冷禪的嵩山一派指為迷失了正邪殊途的「方向感」，劉正風的家人、弟子皆慘遭屠戮。施森煖忙說：那只是

「年輕時的我」，現在「我」以家庭為重，已經不一樣喇！

　　已經不一樣？從何得知？最近白靈（莊祖煌，1951- ）提倡「截句」，而劉正偉卻有化「絕」為「律」的手筆。他的〈守候〉，正正可與上作〈風〉合併為一，連成八句，交代施森煖心態的轉變：

> 風，已然遠離
> 只有土地這個癡漢
> 忘情的在樹下，等待
> 守候妳，一生一次的飄零

　　「風，已經遠離」，施森煖再不是「年輕時」那個「常常冒冒失失 ／ 莽莽撞撞沒有方向感」的「酒醉」男兒，而是變成「土地」般堅實穩重的「癡」情「漢」子。「飄零」可理解為女子的死亡，表示施森煖愛呂雪心，將「守候」至死，至死不渝，這是最美滿的結局，令人想到《神鵰俠侶》中鍾情小龍女的楊過；「飄零」也可理解成施森煖最初趁呂雪心經歷「一生一次」刻骨銘心的失戀時，乘虛而入，但這會令人想到《笑傲江湖》裡騙慘岳靈珊的林平之，咳，相當陰暗……

　　「飄零」，亦可看作樹葉成熟的結果——在瓊瑤的

個人經歷裡，她愛的老師說會「等待」瓊瑤大學畢業，俟其思想成熟後，再決定是否長相廝守。只不過，年輕的瓊瑤那次投考大學落榜，一寸春心一寸灰，走上了截然不同的人生道路啊。

在悲慘世界裡致倦了的詩人

——《貓貓雨：劉正偉詩選》「誤讀」

劉正偉曾接受教育廣播電台專訪，談到當寫不出詩時，會從旅行、讀書，以及與朋友交談之中獲得靈感。細讀其最新詩集《貓貓雨：劉正偉詩選》，卻會發現詩人亦自音樂中吸取養份，譜出詩意的新作，如〈致詩人〉、〈倦〉，便都受益於音樂劇《悲慘世界》（*Les Misérables*）的歌曲。

劉正偉的〈致詩人〉寫道：

> 俱樂部冷冷清清，空無一人
> 我寫詩的朋友紛紛離去
> 去喝酒狂歡，擁抱女體
> 去炒房炒股，就是不炒菜
> 不寫詩，我頓時感到寂寞
>
> 那些高喊革命、理想的詩人呢？
> 高喊佔領街頭，衝撞體制

　　　　高喊女性主義、後現代、後殖民
　　　　自詡為詩人的前輩們紛紛停筆
　　　　世界空空蕩蕩，我感到無比孤獨

　　　　詩人不寫詩，還能是詩人嗎？
　　　　餘我獨自一人喃喃自語：
　　　　詩心浪漫，惟其永恆
　　　　詩路漫漫，惟其堅持

　　《悲慘世界》裡，革命分子群聚在 ABC「俱樂部」，
商議起事，慷慨激昂，可是後來與政府軍對抗時，由
於實力懸殊，慘遭失敗，除馬留斯‧彭梅西（Marius
Pontmercy）一人獲救外，其餘成員盡皆犧牲。及後，
馬留斯重返「俱樂部」，目睹其「冷冷清清，空無一人」，
遂「感到寂寞」，悲從中來，唱出一曲〈人去樓空〉
（"Empty Chairs at Empty Tables"）——他「獨自一人
喃喃自語」，痛惜「那些高喊革命、理想」、「高喊佔領
街頭，衝撞體制」、感情澎湃如「詩人」的同志們煙消
雲散；自己在「俱樂部」空椅傍空桌的情景中，悵然
於「世界空空蕩蕩」，不禁「感到無比孤獨」。

　　劉正偉的〈致詩人〉便是以此為框架，寫出首節
的一和五行、第二節的一、二、五行，以及第三節的
次行，鋪設好龍骨，定下了基調。劉詩中的「俱樂部」

自然指他悉心經營的臉書社群「詩人俱樂部」——該頁本是詩人切磋技藝、交流資訊、發表篇什的園地，卻一度出現成員不再活躍、「寫詩的朋友紛紛離去」、「自詡為詩人的前輩們紛紛停筆」等情況。劉正偉於是據其親身見聞，把詩友停筆的理由，如「去喝酒狂歡，擁抱女體 / 去炒房炒股」等拼貼進〈致詩人〉中；又把幾年來常掛在口邊的話：「詩心浪漫，惟其永恆 / 詩路漫漫，惟其堅持」貼在詩末，想喚醒詩友的熱情，鼓勵他們繼續寫作。這種筆法，遂將今日的實況，與馬留斯 19 世紀的哀嘆縫合在一起，令新舊情境拼圖般聯成一塊。

有趣的是，《悲慘世界》音樂劇確也提過 ABC 俱樂部裡連連飲酒的格朗泰爾（Grantaire），〈與我同飲〉（"Drink with Me"）一曲則言及與革命者同床共枕的女子，而馬留斯更因愛上珂賽特（Cosette）而想到退出起事——所以，劉正偉詩裡阻撓詩人寫作的「喝酒狂歡，擁抱女體」，實際也有著《悲慘世界》的影子。

說到〈與我同飲〉，劉正偉的〈倦〉即是以之為本：

我累了，心也倦了
時間一天天的蒼老
生活的步伐日漸沉重

被歲月遙控的人生
被籠牢情感所困住的靈魂
每天奮力揮動茫然的雙臂
卻只能抓住一把一把的虛無

我倦了，心也累了
我不能，但或許
為疲累的人生，以及人生的疲累
有天，我們或許可以一起
乾杯且痛哭一場，狠狠地

經過與政府軍的一輪交鋒後，革命分子開始認識到雙方戰鬥力的差距，一種低落的情緒隨時在團隊中蔓延。格朗泰爾是「累了，心也倦了」的代表人物，他預知將死，唱詞裡提到對被世界遺忘、生存了無意義的恐懼，為參與戰鬥，「奮力揮動茫然的雙臂」，最終「卻只能抓住一把一把的虛無」感到「倦」與「疲累」。但革命的兄弟仍然同心，他們舉杯共飲，明知日子無多，卻絕不讓友誼的醇酒枯竭，「一起 / 乾杯且痛哭一場，狠狠地」，悲壯地迎向來日的命運。

劉正偉〈倦〉抽取了〈與我同飲〉的這一片段，用於詩首節的一六七行、次節的一四五行，猶如雙套，預備要來包覆「新的內容」——在創新的部分，劉正

偉把〈與我同飲〉的一次起義、一個場景，擴大成〈倦〉的整段人生，將〈與我同飲〉那無力抵擋的政府軍隊，轉化為〈倦〉裡沒法抗拒的時光消逝，沉吟於「時間一天天的蒼老 / 生活的步伐日漸沉重 / 被歲月遙控的人生」，使原先音樂劇的個別事件，演變成對人類共同難題的思索。在「我倦了，心也累了 / 我不能」的頓挫之後，人們是否可以像革命者般「乾杯且痛哭一場，狠狠地」呢？詩的次節連用兩次「或許」，對和時間對壘，似乎不十分樂觀；但既是「或許」，就表示亦有可能——詩人寫詩，不正正是要突破「被歲月遙控的人生」，解放「被籠牢情感所困住的靈魂」嗎？

　　〈致詩人〉和〈倦〉都是先以音樂劇為底本，再注入新內容的篇章。這種詩與音樂的交織結合，或許就如劉正偉〈拼圖〉首節所寫的：「約好一起完成永恆的拼圖 / 中間，牽掛兩顆熾熱紅心 / 重疊的部分，有感動滿滿 / 和諧律動與怦然的心跳」，在漫漫詩路之上，嘗試以詩心的浪漫，共鳴浪漫的詩心。

輯 三

新詩絕句「誤讀」

── 檢驗劉正偉的〈傷〉

　　劉正偉致力研究臺灣藍星詩社詩人群,已出版《覃子豪詩研究》及《早期藍星詩史》,具見論述之長;其詩集《思憶症》、《夢花庄碑記》、《遊樂園》、《我曾看見妳眼角的憂傷》、《新詩絕句100首》等,題材多樣,異彩紛呈,則流露劉氏創作方面之才華。

　　劉正偉提倡以四行小詩誌寫人生、反映社會,認為「新詩絕句」短而巧、精而悍,不獨易於理解和記誦,且更易引發普羅大眾的感悟,讓人喜愛。這次「誤讀」,目的則在指出優秀的新詩絕句篇幅雖小,掌握亦不難,但其想像空間仍屬無盡無窮。不信,請看劉正偉的〈傷〉:

　　　昨夜,織女星徹夜未眠
　　　流星劃過處
　　　有人,吻了月光
　　　風流著,傷

　　「昨夜」與「星」的配搭，不難令人想起寫下「昨夜星辰昨夜風」的唐詩殿軍李商隱。為李商隱而「傷」，所傷何事？大概是傷其物故。「流星劃過」指隕歿、離世，崔珏哀悼亡友的〈哭李商隱〉嘗謂「又送文星入夜台」，即以「星」喻李氏；「有人，吻了月光」，寫的是李商隱死後靈魂登月，到達仙境，呼應〈哭李商隱〉的「只應物外攀琪樹，便著霓裳上絳壇」；「風流著」解風正流動，連繫上文「流星劃過」後火花熄滅，都暗合〈哭李商隱〉的「風雨已吹燈燭滅」。劉正偉新詩「絕句」的觀念來自唐宋近體，而〈傷〉原來也可從唐詩索解。

　　當然，〈傷〉也可能是反寫了宋代詞人秦觀（1049-1100）的〈鵲橋仙〉（纖雲弄巧）。秦觀全詞謂：「纖雲弄巧，飛星傳恨，銀漢迢迢暗度。金風玉露一相逢，便勝卻人間無數。　　柔情似水，佳期如夢，忍顧鵲橋歸路！兩情若是久長時，又豈在朝朝暮暮！」劉正偉詩的「織女」固是〈鵲橋仙〉題中應有之「人」，她「徹夜未眠」，全因「流星劃過」飛星傳恨，向她打小報告說：「有人」，當然就是牽牛啊，「吻了月光」，出軌了。〈傷〉最後一行的「風流」說的是牽牛到處留情，難怪「柔情」的織女心酸——唉，金「風」玉露本勝過人間無數，但「風」「流」動處，此際卻滿是愁

恨情「傷」。

劉正偉的〈傷〉，更可能源自賈科莫‧普契尼（Giacomo Puccini, 1858-1924）的歌劇《杜蘭朵》（*Turandot*）。〈公主徹夜未眠〉（"Nessun Dorma"）是《杜蘭朵》的著名曲目，歌中說繁「星」萬點——包括「織女」與眾多「流星」——正為愛與希望不住顫抖，而男主角卡拉富（Calaf）期待破曉，呼籲眾星快快下沉，因他自信將贏得杜蘭朵公主（Princess Turandot）的芳心。還未天亮前，卡拉富就給了殘酷的杜蘭朵一「吻」，燃起公主的愛情之火，最終他在清晨眾人的歡呼掌聲之中，盡得「風流」地，成為公主認定的駙馬。咦？大團圓結局，何「傷」之有呢？原來，同樣愛慕卡拉富的女僕柳兒（Liù）堅拒洩漏主人名字，此前慘遭拷打，更為卡拉富自殺身亡，可歌可泣；只是，《杜蘭朵》劇終之時，竟完全無人紀念這位忠心不二的善良女孩！劉正偉詩的結尾點出一個「傷」字，關顧悲哀的小角色，與得意洋洋的「風流」構成對比，正為突顯柳兒的遺憾，可謂別出心裁。

現在先把〈傷〉掩住，接過劉正偉的〈回眸〉：

　　該如何抵抗歲月的催促呢
　　回眸，一個凝視

微笑，就永恆了
縱然，時間它長著一對翅膀

　　這首〈回眸〉，實與白居易（772-846）的〈長恨歌〉不脫關係。〈長恨歌〉說楊貴妃（楊太真，719-56）「回眸一笑百媚生」，「回眸」與「微笑」，都讓人震驚於「永恆」的美。不過，美人總歸是要變老的，怎麼做，才能「抵抗歲月的催促」？想來想去，辦法唯有及早登仙──不許白頭人間見，就能將美延續到「永恆」了。果然，〈長恨歌〉裡，唐玄宗（李隆基，685-762，712-56在位）得與楊貴妃再會於仙界時，「縱然，時間它長著一對翅膀」，光陰飛去不少，楊貴妃卻姣好如昔，「雪膚花貌參差是」，「風吹仙袂飄飄舉，猶似霓裳羽衣舞」；當她「含情凝睇謝君王」時，那「凝睇」，就是「凝視」，就是「回眸」，還是百媚皆生的當初──「永恆了」。「此恨綿綿無絕期」嗎？其實也不盡然，只有「永恆」的美，才是無絕期的。

　　嫌上面這種解說全無悲劇氣息嗎？好的，見不得人家幸福快樂的，就把重點放在〈回眸〉末行的「縱然，時間它長著一對翅膀」上，細細詮釋，強調「死」的沉重吧！咳，楊貴妃的美是「永恆」了，可是，登仙的代價是「長著一對翅膀」，意即死亡──〈長恨歌〉寫楊貴妃在死後的世界「風吹仙袂飄飄舉，猶似霓裳

羽衣舞」，確乎像長出「一對翅膀」來；元代白樸（1226-約 1306）在雜劇《梧桐雨》裡形容楊妃之死，更是用上「誰想你乘彩鳳返丹霄，命夭」兩句，寫一雙鳳翼，即「一對翅膀」，把好端端一個人帶走了，從此唐玄宗、楊貴妃天人相隔，「永恆」的美也是「永恆」的分離，綿綿此恨，此恨綿綿。

　　說到《梧桐雨》，劉正偉另首新詩絕句〈失眠〉復有新解：

　　　夢在凌晨四點醒來
　　　市聲悄悄，屋外清涼

　　　世界一片漆黑，發呆著
　　　微弱的星子，遠方的妳

　　白樸《梧桐雨》第四折一悲到底，寫唐玄宗記掛楊貴妃，一度夢見對方，卻可惜忽然驚醒，空換得「半襟情濕鮫綃」，接下來更怎麼都睡不著，從「初更」開始熬這「一宵」，淚與雨要「共隔著一樹梧桐直滴到曉」，跟劉正偉「失眠」的詩題，以至〈失眠〉首行的「夢在凌晨四點醒來」相彷彿。時值秋季，《梧桐雨》第四折連用「雨瀟瀟」、「滴寒梢」、「助新涼」等語，「屋外清涼」自然不在話下。此外，正因「市聲悄悄」，雨

聲才會格外入耳，玄宗也才會深深埋怨：「一會價緊呵，似玉盤中萬顆珍珠落；一會價響呵，似玳筵前幾簇笙歌鬧；一會價清呵，似翠岩頭一派寒泉瀑；一會價猛呵，似繡旗下數面征鼙操。兀的不惱殺人也麼哥！則被他諸般兒雨聲相聒噪。」而一副心思都在逝去愛人身上的玄宗，如今「空對井梧陰，不見傾城貌」，「世界」定然是「一片漆黑」的：「忽見掀簾西風惡，遙觀滿地陰雲罩。」他無處排遣，整夜「發呆」，心中的「妳」——楊貴妃已在不可觸及的「遠方」，僅剩「微弱的星子」，不夠讓玄宗眼前看見光，「一片漆黑」，走也難走出來。

談了這麼久〈回眸〉和〈失眠〉，我們再來掀起劉正偉的〈傷〉檢驗：「昨夜，織女星徹夜未眠 / 流星劃過處 / 有人，吻了月光 / 風流著，傷」，當中說的，原來也可以是玄宗、楊妃的愛情故事。《梧桐雨》云，楊妃曾與玄宗「七夕會長生殿乞巧」，發下誓願，要效那「連理枝比翼鳥」，永不分離，並要天上牽牛星、「織女星」同來見證，誰知安史亂作，楊妃被迫在馬嵬坡自縊，皇上、貴妃生死殊途，倒連一年方一會的牽牛、織女都比不上了。所以，當唐玄宗孤零零仰望「織女星」，孤零零想念楊貴妃這「微弱的星子」，孤零零「失眠」，孤零零哀嘆「甚法兒捱今宵」時，〈傷〉所寫的「徹夜未眠」，就是他的最佳寫照。

「月光」指的，也是楊貴妃。《梧桐雨》裡，唐玄宗說：「去年八月中秋，夢遊月宮見嫦娥之貌，人間少有。昨壽邸楊妃，絕類嫦娥，已命為女道士；既而取入宮中，策為貴妃，居太真院。」楊貴妃亦言：「聖上見妾貌類嫦娥，令高力士傳旨度為女道士，住內太真宮，賜號太真。天寶四年，冊封為貴妃，半后服用，寵倖殊甚。」可證楊妃與月宮嫦娥形象重疊、互聯。如是者，「有人，吻了月光」中的「人」便是唐玄宗無疑了。按《梧桐雨》謂楊貴妃本係玄宗兒子之妻，居於壽王府邸，玄宗強奪之，可謂「風流」至極。只是，這陣「風流」，終歸以「傷」收結──「恨無情卷地狂風刮，可怎生偏吹落我御苑名花！」「風」「流」動而過，楊貴妃就殞命塵世、就「永恆」了。

接受此一詮釋，劉正偉短短四行的〈傷〉就不獨可以「哀李商隱」（如最前一解），更可以為大詩人李商隱所哀了。不是嗎？且看李商隱同寫唐玄宗、楊貴妃的〈馬嵬二首〉（其二）：「海外徒聞更九州，他生未卜此生休。空聞虎旅傳宵柝，無復雞人報曉籌。此日六軍同駐馬，當時七夕笑牽牛。如何四紀為天子，不及盧家有莫愁。」說的都是唐玄宗離了楊妃的「傷」！

寫至此處，共計為劉正偉的〈傷〉查出五劑解法──

哭李商隱、同情卡拉富的女僕柳兒、織女傷牛郎偷情、唐玄宗悲楊貴妃、李商隱哀唐玄宗——平均一行詩多於一解，我真頗覺圓滿了。但是，還存著更多詮釋的可能嗎？

當然。凝鍊的「絕」句無絕——只要讀者不同，心上的「傷」就各異了。

異性、同性、神性

——劉正偉折射虹光的〈珍珠〉

「冬至可憐無親友，耶誕氣煞單身狗。」劉正偉的〈珍珠〉作於 2016 年 12 月 22 日，我姪子說，它寫的是懷孕者因丈夫不在身邊，以致產前抑鬱，胡思亂想，但又要強裝鎮定。

我姪子說得對嗎？先來看看劉正偉的原詩：

我就在你心裡，孕育著
他們名為愛情的結晶
可我，總也有些憂鬱

在我堅強的外表下，懷著
捍衛著一些些騷動
一些刺激，一些分泌
一些甜，不安與苦楚

蚌殼的世界無人能懂
大海總有些隱隱的爭執
一些痛，與傷感

我也想它，圓滿剔透

據姪子的理解：

第一節頗為直接，「我」的子宮裡，正孕育著和某男子「愛情的結晶」，胎兒一天天長大，「我」卻快樂不起來，排解不了「憂鬱」。

第二節，以「蚌殼」為象徵，原因是「我」本是位「女強人」，但墮入情網後，要維持「堅強的外表」就日漸困難了——「我」既是「懷著」戀愛的「騷動」和「甜」、情慾的「刺激」與「分泌」，想依靠男人，同時也正「捍衛著」尊嚴，不容易讓這些「刺激」、「騷動」、「分泌」和「甜」被旁人察覺。可是，內外的矛盾，正為「我」帶來「不安與苦楚」。

第三節，「女強人」覺得，她的心靈是「無人能懂」的。她想躲開大家，安安靜靜等嬰兒出生。只不過她活在人類的「大海」，置身於社會之中，各種「隱隱的爭執」總揮之不去——歲月不能靜好——特別是來自

負心情人的那些冷言冷語，更加讓「我」感到「痛」與「傷感」。

終於，詩的最後，「女強人」不得不承認心中的軟弱。她其實不想迎難而上、愈戰愈強。她只想「愛情」美滿，「圓滿剔透」，有點撒嬌，有點卑微。

「見了他，她變得很低很低，低到塵埃裡，但她心裡是歡喜的，從塵埃裡開出珍珠來。」姪子這樣總結。

我撫著姪子的大腿，讚賞他「誤讀」的能力長進不少，快可以跟我大戰一場了。我讓他伏在床上，聽我分析道——

「塵埃能孕出珍珠嗎？我倒不太清楚。但肯肯定的是，甲殼受傷，傷處的『分泌』會形成珍珠，用以縫合傷口。我想，『我』和愛人都是男生。『我』愛著他，卻被他甩了，『心裡』受了傷，又忘不了他，唯有整天幻想著他，每一小秒的腦電波裡都有著他。旁人看見，美其名說這種情結是『我』的療傷機制，是『我』跟那人『愛情的結晶』。但『我』的『心裡』，事實上寫滿『憂鬱』。『我』被甩了，哎，『我』被甩了……」我用力撫著姪子的背，待語氣平緩後才說，「要留意

啊，『孕育』著『愛情的結晶』的地方，不是腹中，而是『心裡』。」

　　「『我』嘛，也是個擁有『堅強的外表』的男生，被甩了，還想死纏爛打，狂發短訊給對方，這就是『懷著……一些些騷動 / 一些刺激，一些分泌 / 一些甜』，滿心以為情勢會有扭轉；可誰都知道，對方已經變心，自己再說，也無補於事，徒然自貶自損，哪有好處？於是『我』也『捍衛著』，忍著不要跟他聯絡，不料這些『騷動』、『刺激』又向內反噬，讓『我』充滿『不安與苦楚』。」我響亮地在姪子身上「啪」出一聲，「過來人就知道，忍著，多不容易啊！」

　　「『我』有沒有找朋友安慰自己、支援自己呢？也許有，也許沒有。有也好，沒有也好，『蚌殼的世界無人能懂』，『我』只覺大家都不了解『我』，分擔不了『苦楚』——」我在姪兒的小腿上捏，不意竟拔斷一根腳毛，「唉，『我』也想愛情『圓滿剔透』，心中傷口最終能癒合為天成的佳偶、美滿的姻緣。奈何情愛的『大海』總有『爭執』、『痛』與『傷感』，此時的『我』，唯有『隱隱』心酸，不能自拔。」

　　「自拔——珍珠能由甲殼自行拔出嗎？」姪子問。

「不知道，現在我就拔不出。」

「〈珍珠〉寫於 12 月 22 日。唉，冬至可憐無親友，耶誕氣煞單身狗。」我這樣總結。

「咯、咯」，忽然余境熹敲門進來，姪子就問他：「長老，您怎麼看劉正偉的〈珍珠〉？」境熹君慈眉善目，緩緩答道：「〈雅歌〉（"Song of Songs"）八章寫道：『求你將我放在你心上如印記……愛情，眾水不能息滅，大水也不能淹沒。』比喻神與人之間的關係，是〈珍珠〉一詩的所本。劉正偉詩中的『我』，明白自己在神的『心裡』如同印記，是神所愛顧的，他於是也努力地『孕育著……愛情的結晶』，培養信心。然而，世間的挑戰甚多，『眾水』、『大水』會輪番侵擾，『大海總有些隱隱的爭執 ／ 一些痛，與傷感』；而自然人又畢竟是肉慾的，故當『我』想遵守誡命，靠近神時，卻又因本性上的不完美而『憂鬱』起來。到了詩的第二節，那個靈肉交戰啊，『我』一邊『懷著』種種私慾，一邊也『捍衛著』信仰，壓制著衝動，這過程有靈性上的『甜』，但也有『不安與苦楚』，充滿煎熬。」

我一陣抽搐，把煙灰抖得四散，有些落在姪子身上。我再點燃一根菸，吐出煙圈，向境熹君提問：「那麼，這首詩幹嗎叫〈珍珠〉呢？」

　　境熹君把姪子扶起，為他斟一杯水，徐徐又道：「〈馬太福音〉（"Gospel of Matthew"）十三章說：『天國又好像買賣人尋找好珠子，遇見一顆重價的珠子，就去變賣他一切所有的，買了這顆珠子。』這珠子就是無價的『珍珠』，代表天國，值得盡一切來追求。劉正偉寫：『我就在你心裡』，而天國，就在你心裡。

　　「『我』在詩的最後有點自傷，說『我也想它，圓滿剔透』，自認為今生在誡命上不夠持守，無法圓滿透徹，恐怕不能承受完美的『它』——天國。事實上，他應該看看傑佛瑞・賀倫（Jeffrey R. Holland, 1940-　）長老在 2017 年 10 月總會大會的講道呢！」

　　境熹君把姪子帶走，一同學習經文。我滿斟一杯酒，拍著椅子低吟：「冬至可憐無親友，耶誕氣煞單身狗。」在看不見的燈光下，開始抄寫一本本詩集，其中有林彧（林鈺錫，1957-　）之作：「來到黃昏的柿子林 / 逐顆撿拾失血的 / 地球。缺憾這麼多 / 卻更接近圓滿的境地了」。而天空，忽然降下一陣「貓貓雨」。

西湖上的思憶症

── 劉正偉〈垂柳〉「誤讀」

　　劉正偉的〈垂柳〉是 1999 年之作，最初發表於《乾坤詩刊》第 10 期，其後收入劉氏首部個人詩集《思憶症》中。該詩全文如下：

　　　妳說
　　　我靜像詩意的西湖
　　　而妳輕身一斜
　　　臥成湖面的
　　　　　垂柳
　　　春風輕輕撩動
　　　　　妳的秀髮
　　　　　我的湖心
　　　都隨之
　　　盪
　　　漾

這首詩就情節言，似乎並不複雜：「我」因擁有如「西湖」般「詩意」的氣質，而吸引了「妳」；「妳」側著身子，「秀髮」在「春風」中「輕輕」揚起，讓目睹此情此景的「我」，為之心神「盪 / 漾」。

就技巧來說，其可賞之處卻良多：（Ａ）以「西湖」、「垂柳」作隱喻，前者的秀雅風範、後者的優美姿態，都能夠令人聯想到主角的相貌出眾；（Ｂ）由「妳」而「垂柳」，而下垂「臥」向湖面，而在春風中被「撩動」，然後吹拂著的柳條又疊合「妳」的「秀髮」，靈動轉換，銜接非常自然；（Ｃ）「我」是「西湖」，故當有所感於美人時，「盪 / 漾」的也是「湖心」，文字凝煉準確；（Ｄ）「我的湖心」與「妳的秀髮」一齊有所觸動，猶如「妳」「我」心有靈犀，二而為一，呼應了情感上的同步；（Ｅ）「盪」、「漾」分兩行寫出，正可見佳人倩影延宕在「我」心頭之上，使人久久不能忘懷。這些設計，都令浪漫的情愫不絕迴盪於新詩小小的篇幅中，讓讀者受到感染。

當然，比較啟人疑竇的是：這首詩的兩位主角是否都屬女性？自從蘇軾（1037-1101）寫出名句「若把西湖比西子，淡粧濃抹總相宜」後，西湖就和美麗女子不脫關係。例如王十朋（1112-71）〈點絳唇〉詞說：「十里西湖，淡妝濃抹如西子。」陳造（1133-1203）

也謂：「西湖到眼真西子，莫信溫柔別有鄉。」而陳造
在〈次韻答高賓王（其一）〉裡，更以「行處西湖作西
子，靜中佳茗是佳人」，聯結起「西湖」、「靜」與女子，
恰似劉正偉詩中的「靜像詩意的西湖」。所以，若把「靜
像詩意的西湖」的「我」想像為女子，與同性的「妳」
心心相印，應該也是說得通的。

　　但如果仍把「我」看成男子呢？歷史上，與西湖
關係最深的「靜」的文人，當數隱居西湖孤山不仕、
自號「西湖處士」的林逋（967-1028）了。然而，若
是用林逋比喻劉正偉筆下的「我」，則「妳」、「我」雖
曾一時動情，到底未能開花結果。為甚麼？因為西湖
垂柳固然有故惹行客、牽衣待話的美態，但據記載，
林逋無意於柳，而獨鍾於梅，人稱「以梅為妻」；在古
典詩詞中，往往即以「柳」配蘇軾、「梅」配林逋，如
陳人傑（1218-43）〈沁園春・壬寅春寓東林中有感而
作〉：「有逋梅吹雪，坡柳搖煙。」汪元量（1241-1317
後）〈西湖舊夢（其六）〉：「月香水影逋梅白，雨色晴
光坡柳青。」或者以「柳」合陶潛（365-427），對舉
林逋愛「梅」，如方岳（1199-1262）〈山中（其六）〉：
「五柳當門陶令宅，百梅共塢老逋墳。」樊增祥
（1846-1931）〈鷓鴣天〉詞：「解栽楊柳惟陶令，合婿
梅花只老逋。」元朝艾性夫言：「滿身只有梅花影，不
帶西湖柳色歸。」正可用來形容林逋。那麼，在劉正

偉詩中，「垂柳」縱有心，「我」這位「西湖處士」怕也早早夢醒，難以纏綿。無他，「柳」，本就象徵別離。

弄得太複雜了。

跳脫一下：苗栗縣有西湖鄉，鄰近的後龍鎮有柳樹灣──〈垂柳〉很簡單，苗栗子弟劉正偉，寫的是苗栗鄉鎮的愛情故事。

〈垂柳〉收進《思憶症》中，因為西湖、後龍，距離說遠不遠，說近也不近，正正需要「妳」的思、「我」的憶……

〈夜色〉的不同層次

──劉正偉新詩「誤讀」

劉正偉〈夜色〉發表於 2003 年 3 月第 134 期的《創世紀》，其後收錄進第二本個人詩集《夢花庄碑記》。該詩全文兩節，茲引錄如下：

在夢不能到達的角落
太陽剛剛熄燈
酒吧裡的月色迫不及待的亮起
孩子們盡情用熱舞揮灑青春
以威士忌灌醉孤獨
寂寞誘惑寂寞
催情的親蜜戰友
由甜言和蜜語粉墨登場

清晨五點三十七分
身為清潔隊員的母親
在街頭酒店轉角的巷口

　　輕輕
　　掃起一堆女兒昨夜吐露的真言

　　這首詩的內容不難掌握。第一節，太陽剛下山，年輕人就「迫不及待」去到酒吧，跳「熱舞」，喝烈酒，或者互相「誘惑」，越軌「催情」。這群「揮灑青春」的「孩子」企圖以玩樂消去「孤獨」、「寂寞」，彼此說盡「甜言和蜜語」，但其實「孤獨」和「寂寞」一直有增無減。為甚麼？因為他們在「夢不能到達的角落」，沒有理想，漫無目的，表面的嬉笑化不開深層的苦悶，特別是「粉墨登場」的逢場作戲後，還是得重頭面對現實。沒有夢的「夜色」，仍然極深沉。

　　第二節，詩人巧作對比──孩子們追求一宵狂歡，揮灑青春浪擲金錢，「母親」卻作為「清潔隊員」，卑微地在燈火闌珊的「巷口」辛勤工作，打掃女兒遺下的垃圾、嘔吐物。這種筆法，正正凸顯孩子們的荒唐，諷刺效果十足。著名朗誦家畢仙蓉老師曾撰〈從劉正偉的《夜色》讀一位母親撿拾兒女揮霍的青春〉一文，詞情並茂，對母親的立場作了更深入的思考，大意是：母親無法靠孩子養老，卻默默地清理女兒的穢物，在艱苦中掙扎著，目的是要給孩子走出黑暗、重建人生的希望。如此演繹，實不能不使讀者為母愛的偉大而感動！

　　我想補充的「誤讀」是：（Ａ）〈夜色〉中的「清晨五點三十七分」不但點出了年輕人的徹夜狂歡和母親的「黎明即起」，「五點三十七分」的數字組合更聯繫到「三七五減租」的土地政策。按劉正偉出身三級貧戶，父母耕種的五分田地有半數是佃農身份的「三七五」耕地，披星戴月，櫛風沐雨，勉強能維持一家六口的溫飽。劉正偉以「五點三十七分」連結「三七五」耕地，即借用個人經驗中父母的辛勞，豐滿詩裡那位「母親」的刻苦形象，令意識到數字組合別有深意的讀者產生更多聯想、更大震撼[23]。

　　（Ｂ）關於「輕輕」二字，若果闡釋不同，整首詩的主題就會產生翻天覆地的改變。「輕輕」可以解滿不在乎，意思是由於女兒讓母親太失望，母親已經不想再管她了，甚至是女兒酒後「吐露的真言」──她的內心想法──這位母親都不聞不問，「掃起」就扔掉。港產片《尖東老泥妹之四大天后》中，女主角慣於和「親蜜戰友」流連「夢不能到達的角落」，其擔任「清潔隊員」的母親遇見她時，立即就以掃帚追打女兒，

---

[23] 劉正偉在臉書貼出〈夜色〉時，配圖便是描繪農耕生活的油畫〈歸〉，與我的「誤讀」暗合。

並一邊說自己已登報跟她脫離母女關係，最終令女兒落荒而逃。由此可見，「輕輕／掃起一堆女兒昨夜吐露的真言」這一舉動，未必是出於關心，也可能是冷漠、麻木。

（C）「輕輕」也可以是看破，是淡然。徐國能（1973- ）〈第九味〉說：「那逝去的像流水，像雲煙，多少繁華的盛宴聚了又散散了又聚，多少人事在其中，而沒有一樣是留得住的。」出任「清潔隊員」的母親年輕時一樣「揮灑青春」、「灌醉孤獨」，只因一時不慎，才懷了女兒，唯有獨力把她養大；又因為浪費太多歲月，能做的工作有限，唯有卑微地掃街。在單親家庭成長、母親工作被人瞧不起的女兒有其「孤獨」、「寂寞」，何以解憂？唯有與損友流連酒吧，麻醉靈魂，而她那忙於工作的母親也沒空教導她，唯有聽之任之了。在「輕輕／掃起一堆女兒昨夜吐露的真言」時，母親細思「唯有、唯有、唯有……」的命運迴圈，萬事不由人，不看破也得看破，只好一切都淡然以對了[24]。

---

[24] 劉正偉的〈人生〉亦說：「我轉向夜色吶喊／黑夜回應我深沉的寂靜」。命運以萬物為芻狗，並不眷顧〈夜色〉這位坎坷的母親。

　　林夕（梁偉文，1961- ）填的詞：「率性點更好　西武　找不到也好　當我沒有命途　何以謂之迷路」。夜色正打掃，將枯的黃葉在起舞。

秋夜梧桐雨

—— 劉正偉〈雨夜〉「誤讀」

　　唐玄宗、楊貴妃的故事經白居易、白樸、洪昇（1645-1704）等人演繹，成為了文學創作代代相傳的瑰寶。在我所閱的新詩中，落蒂（楊顯榮，1944- ）〈在遠遠的地方看你〉、劉正偉的〈回眸〉、〈失眠〉和〈傷〉等，也都延續著唐、楊傳奇，繼續傳唱天寶遺事，自然亦各有創新。

　　除卻《新詩絕句 100 首》外，劉正偉在《我曾看見妳眼角的憂傷》中另收有〈雨夜〉一詩，以白樸雜劇《梧桐雨》的描述為本，又對唐玄宗的情感進行再度演義：

　　　　今夜又是濛濛細雨
　　　　如妳，離去時的暗夜
　　　　只留下一棵孤寂的樹
　　　　在雨中默默承受

　　滴滴答答的雨聲

　　或許，樹梢上面
　　那一彎孤單的下弦月
　　也在烏雲背後，暗自啜泣

　　一段感情，兩份傷悲
　　一樣的雨夜，兩樣的時光
　　如果時光能夠倒轉
　　是否？會有不一樣的雨夜

　　《梧桐雨》的第四折寫雨滴打在梧桐樹上，以致唐玄宗自重遇貴妃的夢中醒來，不由得怪責起一聲聲灑殘葉、一點點滴寒梢的「濛濛細雨」來：「這雨呵，又不是救旱苗，潤枯草，灑開花萼，誰望道秋雨如膏？」並且深自嘆息：「這雨一陣陣打梧桐葉凋，一點點滴人心碎了！」

　　當初安史亂作，唐玄宗與貴妃逃離長安，奔赴四川，途中停駐馬嵬驛，軍士譁變，正是發生在無情「暗夜」，和今晚一樣黯然。對著梧桐樹，回憶起貴妃殞命──「離去時」，玄宗又想到曾與她樹下同歡的幕幕往事：「當初妃子舞翠盤時，在此樹下；寡人與妃子盟

誓時，亦對此樹。」而如今美人已逝，「只留下一棵孤寂的樹」，和玄宗「在雨中默默承受 / 滴滴答答的雨聲」。樹無淚，玄宗有淚。

唐玄宗曾與貴妃約定「七夕會長生殿乞巧」，他抬頭看「樹梢上面」，七月七日月相為上弦月，暗掉的一半便成為「孤單的下弦月」，由於無光，彷彿隱沒「烏雲背後」，無法得見──如果圓月代表唐、楊愛情美滿，上弦月便是只剩一半，只餘一人，意象非常貼切，這不能不說是劉正偉的巧思──孤單獨活的唐玄宗不禁幻想：「或許，樹梢上面 / 那一彎孤單的下弦月 / 也在烏雲背後，暗自啜泣」，大概貴妃在那遙不可及的仙境，亦正思念著「謝位辭朝」的皇上，暗暗地流淚。

這時玄宗念著「並肩斜靠」梧桐樹上的楊貴妃，「長生殿那一宵，轉迴廊，說誓約」，那是多麼快樂！無奈「一樣的雨夜，兩樣的時光」，「一段」難捨難離「感情」，現已成欲斷難斷「傷悲」，擘成「兩份」，如金釵拆分，復合無期。「如果時光能夠倒轉」，選擇可以重做，唐玄宗在禁軍要脅下，會不會寧棄江山，換回美人？那麼，是否玄宗就不用唱：「不想你馬嵬坡下今朝化，沒指望長生殿裡當時話」？不用悔恨：「誰承望馬

崴坡塵土中，可惜把一朵海棠花零落了」？是否在滴滴答答的濛濛裡，「是否？會有不一樣的雨夜」？

　　天長地久有時盡。此恨綿綿，無法回頭。

蠹　蟲

──劉正偉〈書齋奇譚〉裡的典故

　　劉正偉〈書齋奇譚〉是首好詩，內容不難理解，但進深一層，讀通其中掌故，似乎更為有趣。我捉住一條劉正偉書堆中的蠹蟲，迫牠逐段吐出吃掉的故事，把「奇譚」的底蘊細細道來：

　　　　靜夜，萬籟俱寂
　　　　只剩蠹蟲唧唧
　　　　高唱他們的義勇軍進行曲
　　　　沿木架與書磚蜿蜒奔襲
　　　　戰情，至此急轉直下
　　　　巍巍中華乃搖搖欲墜
　　　　錦繡世界亦將傾圮

　　（1）蠹蟲可是很勤力的，「唧唧復唧唧，木蘭當戶織」，效法木蘭精神──父親不行了，後輩代勞，啃書不絕，哪管書主人傳來聲聲嘆息。（2）我們高唱「義

勇軍進行曲」，打起蜿蜒的游擊戰，蠶食書頁如瓦解國軍，令書主人不得不嘆形勢「急轉直下」，像蔣總統（蔣介石，1887-1975）「復行視事」都沒用——鮭魚鬥不過蠹蟲！（3）「中華」書局的書很好吃，但「世界」書局，或「錦繡」出版社的世界名著更洋味！

　　　　攤開幾本淒美的絕版
　　　　黴菌誇張地盡情渲染
　　　　爽性
　　　　揮灑他幾幅潑墨
　　　　那比張大千更張大千
　　　　徐悲鴻更悲的山水
　　　　就此定調，版絕

　　（1）前面說過，「復行視事」都沒用，書主人現在才攤開絕版書，已經遲了。（2）「黴菌」、「爽性」，出自聞一多（聞家驊，1899-1946）的詩：「黴菌給他蒸出些雲霞」、「爽性潑你的剩菜殘羹」，詩題是〈死水〉，適足以形容書主人的心情。（3）徐悲鴻（徐壽康，1895-1953）善畫馬，張大千（張正則，1899-1983）不畫虎，怪只怪書主人馬馬虎虎，我才有機可乘，大快朵頤，使書「版絕」。

　　惟恐版絕，書齋乃成書災

斗室生灰，普天之下莫非吾土
然所轄愈大，終多鞭長莫及
久未巡幸江南，乃見一癡漢
若金剛之變形
溽暑中揮汗如雨之夸父
在桃林搥胸狂奔

（1）當初書主人就是怕書絕版，所以買來收藏，想把它們保住，以致「書齋」書多成「災」；在不生「輝」只生「灰」的斗室中，他幻想「丈夫擁書萬卷，何假南面百城」。但事實上，《詩經·北山》說得好：「溥天之下，莫非王土。」書主人不過買來「吾土」，供我輩蠹蟲滋長。我回他一句：「率土之『賓』，莫非吾臣。」謝謝。（2）書主人既「鞭長莫及 / 久未巡幸江南」，即使現在想夸父逐日般追回日子，也只能「搥胸」。為甚麼？變形金剛可以變過來、變回去，但夸父的手杖變了桃林就回不去，書主人想「狂奔」──投「奔」變形金剛的「狂」派，都遲了。

十二道金牌的哀戚絕望
喚不回蠹蟲閱讀後的痕跡
南宋的書畫山水，民國的魯迅徐志摩
都成了國劇的花旦臉譜
哀，那河山破碎的悲情堪比岳飛

　　惟唱滿江紅，怒髮衝冠
　　抬望眼，仰天長笑

　　（1）十二道金牌能夠召岳飛（1103-42），但不能叫時間倒轉，我都吃了，只能還你絕望哀戚——最多介紹你漫畫《絕望先生》。（2）南宋的書畫，屁喇，這書齋裡根本沒有，魯迅和徐志摩（徐章垿，1897-1931）倒有一些——這兩個都喜歡女人，我於是咬給他們一堆「花旦」。（3）書主人啊！用魯迅〈祝福〉的那句「事理通達心氣平和」勸勸你，就不要「怒髮衝冠」，像岳飛〈滿江紅〉那樣又餐肉、又喝血了！你都化「仰天長嘯」為「仰天長笑」了，我們，一「笑」泯恩仇吧！

　　蠹蟲最後身都弓起來，利嘴竟然求饒說：有人想「誤讀」〈書齋奇譚〉為國共內戰，謂劉正偉以南宋比民國，那是錯的！我吃了這麼久，全沒材料說劉氏是走資派反革命……

　　呦——

網絡世界的酸行者

──劉正偉的〈流浪漢〉「誤讀」

　　誠如陳寧貴指出，劉正偉能以現代素材入詩，舉凡臉書、智能手機、網絡社交平台等，皆可寫進詩裡，開拓創作題材。2014 年，劉正偉在《葡萄園》202 期發表〈流浪漢〉一詩，描摹出當代網民的形象，更是引人反思：

　　　流浪漢是一枚落葉
　　　偶爾飄落在公園長椅
　　　偶爾飄泊在騎樓的角落

　　　流浪漢像風一樣
　　　跌跌撞撞
　　　一不小心就跌進喇叭聲中

　　　流浪漢有沒有朋友的孤獨
　　　有著世界上最大的寂寞

流浪狗偶爾給他憐憫的眼神
而橋下的涵洞是全世界
唯一，接納他的棲所

「流浪漢」指的是現實生活不堪，在網上卻人模人樣的網民。他漸漸年長，便如「落葉」離了家，慶幸有一部手機，在「公園長椅」或「騎樓的角落」都能上網。他「像風一樣」，這個網站掃掃，那個專頁轉轉，「跌跌撞撞」，無所事事，忽然有人給他留言，提示音的「喇叭聲」一響，他又「跌進」去，不能自拔地投入更多時間。

「流浪漢」有很多網絡社交平台的好友，卻有「沒有朋友的孤獨」；他連結了全世界，卻「有著世界上最大的寂寞」。他在網上意氣風發，甚麼爭議他都加一把聲音：留言批鬥長輩，酸語諷刺政要，貼圖醜化明星。其實現實之中，只有「橋下的涵洞」收留他，作沒錢沒地位的他的「棲所」。

連「流浪狗」也要「偶爾給他憐憫的眼神」——無他，「流浪狗」搖尾還能換來吃的，「流浪漢」充當網上意見領袖的「搖尾系統」，卻屎都無得食，繼續在他的「涵洞」裡，像「落葉」。

　　是的，離了虛擬世界的保護，他就是塊「落葉」，無足輕重。劉正偉在另一首詩裡說：「孩子，認清現實吧，這就是人生。」

春 天 人 質

——「誤讀」劉正偉的〈春天來了〉

　　劉正偉〈春天來了〉收入《遊樂園》，詩的節奏、文字都頗有童詩況味，但細讀之下，即可發現該作探討「成人議題」，兒童可能還不懂：

　　　春天來了，萬物皆長
　　　樹木都長出了綠油油的葉子
　　　草地上也長出了青翠的嫩芽
　　　地球的臉都綠了

　　　春天來了，萬物皆漲
　　　魚漲了，肉也漲了
　　　米漲了，紙也漲了
　　　媽媽的臉都綠了

　　　春天來了，萬物皆漲
　　　菸漲了，油也漲了

　　薪水就是不漲

　　爸爸的臉都綠了

　　首節略作鋪墊，寫春季重來，樹葉、嫩草皆長，地球的表面再一次綠油油的，生機盎然。第二節，操持柴米油鹽的媽媽卻因新一季物價調高，買魚買肉、買米買紙都變貴，深受刺激，臉色慘慘然變綠了。這些都不難理解。最後一節，爸爸呢？我可有話要說了。

　　〈春天來了〉初刊於 2012 年 10 月 15 日《臺灣時報》，當年年初曾有「2012 年中華民國總統副總統及立法委員選舉」，民進黨立法委員議席由 27 席大幅增加至 40 席，國民黨則由上屆 81 席跌至 64 席，反映當時選民對國民黨有所不滿。那時候，國民黨大受批評的便是人民薪資倒退至十三年前水平，四成三勞工月收入低於三萬元臺幣，而馬英九（1950-　）在 2008 年承諾的二十四項勞工政見，被指共有十多項跳票……吸菸減壓、駕車出勤的爸爸慨嘆買甚麼都貴了，唯獨薪水不漲，怪責政府，把臉一橫，就「綠了」，從一名泛藍支持者，轉為支持「綠」的民進黨。

　　從這角度看，〈春天來了〉是首政治詩，當然屬「成人議題」。聽著貓的叫聲，「春天來了」又令人想到「性」。

　　春天來了，「萬物皆長」，樹翹葉，草露芽，正是傳宗接代孕育生命的好時光。薪水不漲的爸爸沒錢養孩子，本應該「漲紅了臉」的，詩裡卻寫他「臉都綠了」。原因是：一頂綠帽已經罩在頭上，連臉都蓋住了。回看詩的第二節，「春天來了」，唸書的孩子正在發育，魚、肉、米缺一不可，上課用的「紙」更是少不得。經濟拮据的媽媽臉都綠了，愛子心深，唯有向仍在聯絡的舊情人請求援助……

　　不再和媽媽同床的爸爸怒氣「漲漲」的！玩多怕上火，玩少怕積「油」——發洩不滿，以牙還牙、以眼還眼的爸爸想著今晚要到誰的裙子裡點「菸」！可是，薪水沒漲啊！薪水沒漲啊！薪！水！沒！漲！啊！

　　爸爸只能下面漲。

在酒國，會唱歌的床

——劉正偉〈峇里島〉「誤讀」

　　我曾「誤讀」張默（張德中，1931- ）〈無調之歌〉，認為那是薄情男子一夜歡愉後，一遍又一遍地對人說起自己食髓知味的床戰經驗，言談之中，亦不時嘲笑對手女子身材平平無奇。

　　劉正偉的〈峇里島〉可以說呼應了〈無調之歌〉——在酒吧中，當薄情男子說起平胸女的事，「我」則回憶十年前在海島上與初識女子的奇情。〈峇里島〉全詩如下：

　　　海星是我的 bra
　　　天空是我們的帷幕
　　　大海是溫柔的搖籃
　　　星星是天神閃爍的眼睛
　　　白雲是貼心的棉被
　　　於是，我們沉睡

　　在沙灘上軟綿綿的夢裡

　　醒來，已是十幾年後
　　海浪已經撫平沙灘
　　二個烙印深深的人影
　　星星，依然是閃爍的夢

　　「以海星為 bra，把牠罩在胸上，海星的吸盤用力，乳頭就被扯緊，不知是爽死，還是痛死？在這裡，我們不設帳篷，天空就是『帷幕』；不用上床，跳到海裡，便是合歡的『搖籃』。如果道德協會的成員如『天神』般窺伺——正好，我們想別人來看，慾情更高漲，胸前的『星星』，更加跳動而『閃爍』。早上，繼續裹（裸）在白雲的『棉被』，纏綿，用短兵器打架；直到累了，我們沉睡，全身『軟綿綿的』，做的夢也很鬆化……

　　「醒時同交歡，睡後一夜情便散。十幾年過去，再來峇里，記憶猶在妳的 bra 裡。但『海浪已經撫平沙灘』，昔日撞擊到下陷的痕跡，兩具肉體壓凹的圓坑，都消失了。只有年輕時的我、熱情留戀的妳，依然深深，『烙印』在心坎。那次在『星星』之下，在偷窺者『星星』的目光中，在妳胸前躍躍欲噴的『星星』前，那『閃爍的夢』，真想重溫啊……」

在和人說起時，他依然覺得很「閃」。

對啊，張默筆下的男子，一聽到〈峇里島〉女子的豐乳，可能還有肥臀，即有了連打四十一炮的衝動，哪管生死疲勞？

劉正偉啃著透明的紅蘿蔔，不以為然，輕聲嗤笑：「師傅愈來愈幽默！」